u books

社会契約論

ジャン=ジャック・ルソー

作田啓一＝訳

白水 *u* ブックス

Jean-Jacques Rousseau

DU CONTRAT SOCIAL
OU PRINCIPES DU DROIT POLITIQUE

DU CONTRAT SOCIAL
OU
ESSAI SUR LA FORME DE LA RÉPUBLIQUE
(Première Version)

社会契約論

目次

第三篇 ……………… 87

凡例

一、本書で使用されるテキストは、*JEAN-JACQUES ROUSSEAU; ŒUVRES COMPLÈTES*, Bibliothèque de la Pléiade, N. R. F., édition publiée sous la direction de Bernard GAGNEBIN et Marcel RAYMAND である。

一、原注は（1）（2）……の洋数字で示し、段落ごとに掲げる。

一、訳注は（一）（二）……の和数字で示し、一括して掲げる。

社会契約論　または政治的権利の諸原理(一)

ジュネーヴの市民　J・J・ルソー

われらは協約の公平なる法を告げん。
〔ウェルギリウス〕『アエネーイス』
第十一篇

緒言

この小論は、私がかつて自分の力量のほども省みずに企てたものの、ずっとまえに放棄してしまったもっと大部の著作（一）からの抜き書きである。すでに書き上げられたものから抜きだしうるさまざまの断片のなかで、以下のものが、もっとも重要なものであり、またもっとも恥ずかしくないと、私には思われた部分である。残りの部分はもうなくなってしまった。

第一篇

私は、人間をあるがままの姿でとらえ、法律をありうる姿でとらえた場合、社会秩序《オルドウル・シヴィル》のなかに、正当で確実な統治上のなんらかの規則があるのかどうかを研究したいと思う。私は、正義と効用とがけっして分離しないように、この研究のなかで権利が許すことと利益が命ずることとをつねに結びつけるよう努めよう。

私の主題の重要性を証明するのはやめて、本論に入ろう。政治について書くからには、お前は君主なのか、それとも立法者なのかと、人は尋ねるだろう。私は答える。いや、違う、そしてそうでないからこそ、政治について書くのだ、と。もし、私が君主か立法者であったなら、私は何をなすべきかを語るために、自分の時間を浪費したりしないだろう。私はそれを実行するか、さもなければ黙っているだろう。

自由な国家の市民として、また主権者の一員として生まれたがゆえに、公共の問題にかかわる私の発言がどんなに微力であろうと、いやしくも投票権を持つということだけで、私はその問題を研究する義務を負わされている。幸せなことに、さまざまな政府について思いをめぐらすたびごとに、私は、研究の過程にあって、自分の国の政府を愛する新しい理由をいつも見いだすのである！

第一章　第一篇の主題

人間は自由なものとして生まれたが、しかもいたるところで鉄鎖につながれている。他の人々の主人であると信じている者も、その人々以上に奴隷であることを免れてはいないのだ（一）。このような変化がどうして起こったのか。私にはわからない。それは何によって正当化されえているのか。私はこの問いなら解きうると思う。

もし私が、力と、力から生ずる結果とだけしか考慮しないとすれば、私はこう言うだろう、「ある人民が服従を強いられ、またじっさいに服従しているあいだは、それでよい。人民がその軛《くびき》を振りほどくことができるようになり、またじっさいに振りほどくやいなや、なおさらよい状態となる。なぜなら、人民から自由を奪ったのとまったく同じ権利によって、人民は自由を回復したのである以上、人民が自由を奪い返すのは当然であるか、それとも、人民から自由を奪うのはもともと不当であったのか、そのどちらかであるからだ」と。しかし、社会秩序は神聖な権利であり、他のあらゆる権利の基礎として作用する。ところが、この権利は自然から出てくるものではなく、したがって、いくつかの約束にもとづくものである。問題は、これらの約束がどんなものかを知ることだ。そこにいたるまえに、私はまず、いままで述べたことを証明しておかなければならない。

第二章　最初の社会について

あらゆる社会のなかで、もっとも古く、そして唯一の自然な社会は、家族という社会である。子供は、自己を保存するために父親を必要とするあいだだけ、ひきつづき父親に結びつけられている。その必要がなくなるやいなや、この自然のきずなは解ける。子供は父親に服従する義務を免れ、父親も子供の世話をする義務を免れて、両者は等しく独立の状態に戻る。もし、彼らがひきつづき結合したままであるなら、それはもはや自然にそうなっているのではなく、意志によってそうなっているのである。したがって、家族でさえ、約束によらなければ持続しない。

〔父と子に〕共通するこの自由は、人間の本性の結果である。人間性の第一の掟《おきて》は、自己の保存に留意することであり、その第一の配慮は、自分自身に対してなされるべき配慮である。そして、人間がものごころのつく年頃に達するやいなや、自分のみが、自己保存に適するいろいろな手段の判定者となるので、その理由により、人間は自分自身の主人となるのである。

それゆえ、家族はいわば政治社会の最初の雛型である。首長は父親にたとえられ、人民は子供にたとえられる。両者ともに、平等かつ自由に生まれついているのだから、自分たちの得になるのでなければ、自由を譲り渡したりはしない。ただ異なるのは、父親の子供に対する愛情が、彼らにしてやる世話の埋め合わせとなるのだが、国家においては、首長は人民に対しこのような愛情を持たないので、支配する喜びがその代わりをする、という点である。

　グロチウスは、人間の権力はすべて、被治者のために制定されている、ということを認めない。(二) 彼はその例として〔人を〕奴隷〔にする権力〕をあげている。彼がいつも用いる推論の仕方は、つねに事実によって権利を証明するというやり方である。(1) これよりも筋の通った論法を用いることもできようが、これよりも暴君に好都合な論法は、ほかになかろう。

(1)「公法についての学問的諸研究は、しばしば古くからの悪習の記録にすぎない。それに、学者たちが好んでその研究に深入りする苦労を引き受けたとき、おりあしくも、彼ら自身の頭が凝り固まっていた」(『隣邦諸国とのフランスの利害関係論』ダルジャンソン侯著、アムステルダム、レイ書店刊)。これこそまさにグロチウスが行なったことである。

　それゆえ、グロチウスの意見では、人類が百人ばかりの人間に属しているのか、それとも、その百人ばかりの人間が人類に属しているのか、よくわからない。だが、彼の著作全体を通じてみると、まえのほうの意見に傾いているようだ。これはまた、ホッブズの感じ方(三)でもある。そうすると、人間という種は、いくつかの家畜の群に分かたれ、そのおのおのは首長を持ち、その首長は家畜をむさぼり食うために番をしている、ということになる。

牧者が、自分の群よりもすぐれた性質を持っているように、人々の首長である人々の牧者もまた、その人民よりすぐれた性質を持つ。フィロン[四]の伝えるところによると、皇帝カリグラはこのように推論して、この類推から、国王が神であるか、さもなければ人民がけだものであるという、じつに巧い結論をひきだしたのであった。

このカリグラの推論は、ホッブズとグロチウスのそれと完全に一致している。アリストテレスもまた、彼らのだれよりも先に、人間はけっして生まれながら平等なのではなく、ある者は隷属するために、また他の者は支配するために生まれたのだ[五]、と語った。

アリストテレスは正しかった。しかし、彼は原因を結果と取り違えた。奴隷の身分に生まれたすべての人間は、隷属するために生まれる。これほど確かなことはない。奴隷たちは鎖のなかですべてを、そこから脱出したいという欲望までも、失ってしまう。彼らは、オデュッセウスの仲間たちが、けだものにされた状態を愛していたと同様[1]、自分たちの奴隷状態を愛している。だから、もしも、本性からの奴隷というものがあるとしたら、それは、かつて本性に反して奴隷となった者がいたからである。暴力が最初の奴隷たちをつくり、彼らの臆病が彼らの身分を永続させたのだ。

（1）「けだものも理性を用いること」と題するプルタルコスの小論文を参照せよ。

私は、王アダムや皇帝ノアについて何も述べなかった。ノアは世界を分割した三人の偉大な王の父親であって、サトゥルヌス(六)の子供たちも同じことをしたから、彼らが同一の人物だとみなす人もあった。言及を差し控えたことで、私は感謝されてもよかろうと思う。というのは、私はこれらの君主の一人の直系、おそらくその本家筋の子孫であるから、資格を調べてみたら、私が人類の正当な王であることになるかもわからないからである。それはともかくとして、アダムは、ロビンソンが彼の島の主権者であったように、世界のただ一人の住民であったかぎり、世界の主権者であったことを、だれも否定できない。そして、この帝国で都合がよかったことは、王は王座に安住し、反乱も戦争も陰謀家も恐れる必要がなかったことである。

第三章　最強者の権利について

最強者であっても、自分の力を権利に、自分への服従を義務に変えないかぎり、いつまでも主人でありうるほど強くはない。そこから、最強者の権利なるものが出てくる。一見、皮肉にとれる権利だが、現実に原理として確立されている。しかしながら、この語はいつになっても説明できないものではなかろうか。暴力は物理的な力である。この力から、どんな道徳的な効果が生じうるか、私にはわからない。暴力に屈することは必要に迫られた行為であって、意志にもとづく行為ではない。それはせいぜい用心深い行為である。それがどんな意味で義務となるのだろうか。

しばらく、このいわゆる権利なるものがあると仮定してみよう。私は、そこからはただ、説明不可能な、わけのわからぬ戯言《たわごと》しか生じない、と言いたい。なぜなら、権利をつくるものが力だ、ということになると、原因〔＝力〕が変われば、結果〔＝権利〕も変わる。最初の力に打ち勝つすべての力は、前者の権利を受け継ぐ。服従しなくても罰せられずにすむなら、不服従も正当になりうる。そして、最強者がつねに正しいのだから、したがって、最強者になるよう行動することだけが問題となる。ところで、力が失われると滅んでしまうような権利とは、どんな権利なのか。もし、力によって服従しなければならないのなら、義務によって服従する必要はない。また、もし、服従を強制されなくなれば、服従の義務はなくなる。だから、この〔権利という〕語は、力に何もつけ加えていない、ということがわかる。この語は、ここではなんの意味もない。

権力には従え。もしそれが、力には屈せよ、という意味なら、それは結構な教訓だが、余計なものだ。私は請け合うが、この教訓が破られるようなことはけっして起こらないだろう。あらゆる権力は神からくる、と言われる。それは私も認める。しかし、あらゆる病気もまた神からくる。ということは、医者を呼ぶのが禁じられている、ということになるのだろうか。森の一隅で強盗に襲われた場合、私は力に屈して財布を与えなければならない、ということだけにとどまらず、それを与えないですむときでも、良心に従って財布を与えなければならないのだろうか。なぜなら、強盗が持っているピストルもまた、つまるところは一つの権力なのだから。

それゆえ、力は権利をつくらないこと、人は正当な権力にしか従う義務がないことを認めよう。こういうわけで、私は最初に提起した問題(七)にいつも戻ってゆくのである。

第四章　奴隷状態について

いかなる人間も、その同胞に対して生まれながらの権威を持つものではなく、また力はいかなる権利も生み出さない以上、人間のあいだのあらゆる正当な権威の基礎としては、ただ約束だけが残る。

グロチウスは言う。もしも、ある個人が自分の自由を譲り渡して、一人の主人の奴隷となりうるなら、どうしてある人民全体がその自由を譲り渡して、一人の国王の臣民となれないはずがあろうか(八)、と。ここには、説明を必要とするような曖昧な語が多くあるが、譲り渡すという語だけに限ろう。譲り渡すとは、与える、あるいは売る、ということだ。ところで、他人の奴隷となる人間は、自分を与えるわけではないが、少なくとも自分を売って生計の資とする。しかし、人民はなんのために自分を売るのか。国王は、その臣民に生計の資を供給するどころか、国王がその生計の資をひきだしてくるのは、ひとえに彼らからである。そしてラブレーによれば、国王が生きてゆくには費用がかかる。だとすると、臣民たちは、自分たちの財産もまた取りあげられてしまうという条件で、その身を与えているのか。それでは彼らに何が残るのか、私にはわからない。

専制君主は、その臣民に社会的平穏を保障する、と言う人もあろう。よろしい。しかし、彼の野心のために臣民がまき込まれる戦争や、彼の飽くことのない貪欲や、彼の大臣たちのむごい仕打ちが、臣民仲間の不和よりもいっそう彼らを荒廃させるならば、この社会的平穏になんの得るところがあろう。この平穏そのものが、彼らの悲惨の一つであるなら、彼らはなんの得るところがあろう。人は土牢のなかでも平穏に暮らせる。だからといって、それが土牢に入る理由になるだろうか。キュクロプスの洞穴に閉じこめられたギリシア人たち(九)は、むさぼり食われる順番がくるまでは、そこで平穏に暮らしたのである。

一人の人間が無償で自分の身を与えるなどということは、不条理で、およそ考えられないことである。このような行為は、それをする人が分別を失っているという、ただそのことだけで、正当化できない無効な行為なのである。それと同じことを、人民全体について言うなら、それは人民を狂気であるとみなすことである。狂気は権利をつくらない。

たとえ、各人が自分自身を譲り渡すことができても、自分の子供まで譲り渡すことはできない。子供は人間として、自由なものとして生まれる。彼らの自由は、彼らのものであって、彼ら以外、何びともそれを勝手に処分する権利を持たない。彼らがものごころのつく年頃に達するまえに、父親が彼らに代わって、彼らの生存と福祉のために諸条件を取り決めることができるが、取り返しのつかないほどに、無条件で、彼らを他人に与えてしまうことはできない。なぜなら、そのような贈与は、自然の目的に反しており、父親としての権利を越えるからである。そこで、ある専制的な政府が正当であるためには、一世代ごとに、人民がそれを認めたり、あるいはそれを拒んだりできることが必要であろう。だがそのさいには、その政府はもはや専制的でないだろう。

みずからの自由の放棄は、人間たる資格、人間の諸権利、さらにはその諸義務をさえ放棄することである。すべてを放棄する人には、どんな補償もありえない。こうした放棄は、人間の本性と両立しない。かつまた、自分の意志からあらゆる自由を奪うのは、自分の行為からあらゆる道徳性を奪うことである。要するに、一方には絶対的な権威を、他方には無制限の服従を取り決める約束は、中味のない矛盾した約束である。もし、ある人に対してすべてを要求する権利を持つなら、その人からなんの拘束も受けないことは明白ではないか。そして、引き換えるものも交換もないというこの条件だけで、その約束行為は無効になりはしないか。なぜなら、私の奴隷が持っているものはすべて私のものであり、彼の権利も私のものである以上、私自身に対する私の権利という、およそ無意味な語が残るだけだからである。その場合、いったいどんな権利を私の奴隷は私に対して持つのであろうか。

グロチウスやその他の人々は（一〇）、いわゆる奴隷権のいま一つの起源を、戦争に見いだしている。彼らによると、勝者は敗者を殺す権利を持っているので、後者が自分の命を買い戻すことができるのは、自分の自由を犠牲にする場合である。これは両当事者の得になるだけに、いよいよもって正当な約束だというのである。

しかし、このいわゆる敗者を殺す権利などというものが、けっして戦争状態から由来しないことは明らかだ。人間が原初の独立状態のなかで暮らしているあいだは、平和状態や戦争状態をつくりだすほどの恒久的な相互関係が結ばれていないが、この事実だけからしても、人間同士は生来の敵ではない。戦争を起こすのは、物と物との関係であって、人と人との関係ではない。このように戦争状態は単なる人間関係からは生じえず、物をめぐる関係からのみ生じうるのであるから、私闘すなわち人と人との戦争は、恒久的な所有権のない自然状態においても、すべてが法の権威のもとにある社会状態においても存在しえない。

個人間の闘い、決闘、突発的なけんかなどは、なんらかの状態といったものを成立させるほどの行為ではない。そして、フランス王ルイ九世（一一）の勅令によって正式に許可されたり、「神の平和」（一二）によって差し止められたりした私闘について言えば、それは封建的統治の悪習である。この統治形態は稀代の不条理な制度であって、自然法の諸原理にも、またすべてのよい国家組織《ポリティア》（一三）にも反するものである。

それゆえ、戦争は人と人との関係ではなく、国家と国家との関係であって、そこにおいて個人は、人間としてではなく、市民としてでさえなく、[1]ただ兵士としてまったく偶然に敵となるのである。祖国の構成員としてではなく、祖国の防衛者として。要するに、各国家は、他の諸国家だけを敵としうるのであって、人間を敵とすることはできない。なぜなら、異なった性質のもののあいだには、いかなる真実の関係も定着しえないからである。

（1）[一四] 戦争の法を世界中のどの国民よりもよく理解し尊重したローマ人は、この点について細心の注意を払い、市民が義勇兵として服従する場合、敵と戦う意志を明示し、[一五]かつ特定の敵を名ざすことで参加するのでなければ、服役を許可しないほどであった。小カトーはポピリウスの指揮のもとではじめて出陣したが、その軍団が再編成されたとき、大カトーはポピリウスに書を送って次のように言った。私の息子があなたのもとで服役を続けることをお望みなら、彼に改めて入隊の宣誓をさせることが必要です。というのは、最初の宣誓は無効になったので、息子はもはや敵に対して武器を取ることができないからであります、と。また、大カトーは息子に対しても、新たに宣誓をするまでは戦闘に加わらないよう慎重に身を処しなさい、と書き送った。クルジウム[一六]の攻囲やその他の特殊な事例を挙げて、私に反論する人もあるかと思うが、しかし私の場合は法や慣行を引用しているのである。ローマ人は自分たちの法を侵すことがもっともまれな人民であり、また、あれほどりっぱな法を持っていた人民はほかにはいない。

この原理はまた、あらゆる時代に確立された格率とも、そしてあらゆる文明国民の不断の慣行とも合致する。宣戦の布告は、権力者に対するよりも、むしろその臣民に対する警告である。君主に宣戦を布告せずに、臣民のものを盗んだり、これを殺したり、または監禁したりする外国人は、国王であろうと、個人であろうと、人民であろうと、それは敵ではなくて、強盗である。戦争の最中でさえ、公正な君主は、敵国において、公有財産はすべて没収するが、個人の身体と生命は尊重する。つまり、彼みずからの権利となっている権利を尊重するのである。戦争の目的は敵国の破壊であるから、その防衛者が武器を手にしているかぎり、これを殺す権利がある。しかし、武器を捨てて降伏するやいなや、敵または敵の道具であることをやめたのであり、たんなる人間に返ったのであるから、もはやその生命を奪う権利はなくなる。ときには、その構成員を一人も殺さずに、国家を殺すことができる。ところで戦争は、その目的に必要でないいかなる権利も与えはしない。上述の原理はグロチウスの原理とは違う。また、それは詩人たちの権威に根拠を持(一七)つものでもなく、事物の本性から生じ、理性に根拠を持つものである。

征服の権利について言えば、それは最強者の権利以外になんの根拠も持っていない。もし、戦争が、勝者の側に、負けた国民を虐殺する権利を与えるものではないとすれば、勝者が持ってもいないこの権利が、負けた国民を奴隷にする権利の基礎となりうるわけはない。人は敵を奴隷にしえないときにのみ、これを殺す権利を持つ。したがって、敵を奴隷にする権利は、これを殺す権利から生ずるのではない。それゆえ、敵の生命に対してなんら権利を持っていないのに、命を助けてやるから代わりに自由を渡せというのは、不正な取引である。生殺の権利を奴隷権の上に設定しておきながら、奴隷権を生殺の権利の上に設定するのは、明らかに循環論法ではないか。

たとえ、すべての者を殺すという、この恐ろしい権利を仮定してみても、戦争によってつくられた奴隷や、征服された人民は、強制されているあいだだけ服従するが、それ以外に支配者はなんら拘束力を持っていない、と言おう。勝者が生命でなくその対価物〔＝自由〕のほうを取ったからといって、敗者に恩恵を与えたわけではない。無益に殺す代わりに、有効に殺しただけだ。したがって、勝者は、敗者に対して、力に加えて別の権威をなんら取得してはいない。それどころか、戦争状態は以前と同様両者のあいだに存続しており、彼らの関係そのものがその結果なのである。そして、戦争の権利がひきつづき行使されているということは、まだいかなる平和条約も結ばれていないことを意味する。勝者と敗者は一つの約束を結んだというなら、そういうことにしておいてもよい。しかし、その約束は戦争状態を消滅させるどころか、その継続を想定しているのである。

このように、事態をどの方面から眺めてみても、奴隷権は無効である。それは非合法であるばかりでなく、不条理であって、なんの意味も持たないからだ。この奴隷状態という語と権利という語とは矛盾し合っており、互いに相入れない。一人対一人の場合にせよ、一人対一人民の場合にせよ、次のような言葉は、いつでも同じようにばかげているだろう。私は、おまえとのあいだに、すべてがおまえの負担となり、すべてが私の利益となるような一つの約束を結ぼう。それを私は、自分の気が向くあいだだけ守り、おまえは私の気が向くあいだだけ守るのだ。

第五章　最初の約束につねにさかのぼらなければならないこと

私がこれまで反論してきた主張のすべてを、かりにそのまま認めるとしても、専制政治の支持者たちの立場は、やはり有利にならないだろう。群衆を服従させることと、一つの社会を統治することとのあいだには、どこまでいっても大きな違いが残るだろう。ばらばらな人々が、次々にただ一人の人間の奴隷にされるとき、それがどれほど多数であっても、そこに見られるのは、主人と奴隷だけであって、人民とその首長ではない。それは集合と言ってもよいが、結社《アソシアシオン》ではない。そこには公共の福祉もなければ政治体もない。たとえ一個人が世界の半分を奴隷化したとしても、この人はやはり一人の個人にすぎず、他の人々の利益から切り離された彼の利益は、やはり私的利益にすぎない。もし、この当人が死ぬようなことになれば、その帝国は彼の死後ばらばらになり、つながりを失ったまま残される。ちょうど樫の木が火に焼き尽くされると、形が崩れて、一山の灰になるように。

グロチウスは言う、人民はみずからを国王に与えることができる、と。それゆえ、グロチウスに従うなら、人民は、国王に自分を与えるまえに人民であるわけだ。この贈与そのものが市民としての行為なのであり、それは公共の議決を前提としている。だから、人民が国王を選ぶ行為を調べるまえに、人民が人民となる行為を調べるのがよかろう。なぜなら、後者の行為は必然的に前者の行為に先立つものであって、社会の真の基礎だからである。

じっさい、もし先に約束がなかったとすれば、選挙が全員一致でないとき、少数者が多数者の選択に従う義務はどこにあるのだろうか。主人を欲する百人が、それを欲しない十人に代わって議決をする権利は、いったいどこから出てくるのだろうか。多数決の法もまた約束によって取り決められたのであり、少なくとも一度は全員の一致があったことを前提として作用しているのである。

第六章　社会契約について

各個人が自然状態にとどまろうとして用いる力よりも、それにさからって自然状態のなかでの人間の自己保存を妨げる障害のほうが優勢となる時点まで、人間が到達した(一八)、と想定してみよう。そのとき、この原始状態はもはや存続しえなくなる。だから、もし生存様式を変えないなら、人類は滅びるだろう(一九)。

ところで、人間は新しい力をつくりだすことはできず、現に持っている諸力を結びつけ、方向を与えることができるだけであるから、生き残ってゆくためには、障害の抵抗に打ち勝てるようにみなが集まって諸力の総和をつくりだし、これらの力をただ一つの原動力で動かして、共同の活動に向けることしか、ほかに方法はない。

この力の総和は、多くの人たちの協力によってしか生じえない。ところが、各人の力と自由は、それぞれの人の生存にとっての第一の手段である。それでは、どのようにして、各人が損失をこうむることもなく、自分に向けられる当然の配慮をおろそかにすることもなしに、自分の力と自由をささげうるのであろうか。この難点は、私の主題に置き直すと、次の言葉で言いあらわすことができる。

「各構成員の身体と財産とを、共同の力のすべてを挙げて防衛し保護する結社形態を発見すること。そして、この結社形態は、それを通して各人がすべての人と結びつきながら、しかも自分自身にしか服従せず、以前と同じように自由なままでいられる形態であること」。これこそ根本的な問題であり、社会契約がそれに解決を与える。

この契約の諸条項は、その結社行為の本性そのものから導かれているので、少しでも修正すれば、無意味で無効なものになってしまう。だから、これらの条項は、おそらく成文で言いあらわされたことはなかったとしても、どこにおいても同一であり、どこにおいても暗黙のうちに受け入れられ、承認されている。社会契約が破られて、各人が自分の最初の権利に立ち返り、約束によって

得た自由を失うことによって、その自由を得るために放棄していた自然的自由を取り戻すまでは。(二〇)

これらの諸条項は、よく考えてみれば、すべてがただ一つの条項に帰着する。すなわち、各構成員は自分の持つすべての権利とともに自分を共同体全体に完全に譲渡することである。というのは、第一に、各人は自分のいっさいを与えるのだから、すべての人にとって条件は等しく、また、条件がすべての人にとって等しいのだから、だれも他人の負担を重くすることに関心を抱かないからである。

そのうえ、この譲渡は保留なしに行なわれるので、結合《アソシアシオン》はこのうえもなく完全であり、どの構成員も、もはや要求するものをなに一つ持たない。なぜなら、もし、諸個人になんらかの権利が残されるとすれば、彼らと公衆〔=人民〕とのあいだに立って裁きをつけることができるような共通の上位者はだれもいない以上、各人はある点で自分自身の裁判官であることになり、やがては、あらゆることについて裁判官であることを主張するようになるからである。そうなると、自然状態が存続することになり、結社は必然的に圧制的になるか、空虚なものとなるだろう。

要するに、各人はすべての人に自分を与えるから、だれにも自分を与えないことになる。そして、各構成員は自分に対する権利を他人に譲り渡すが、それと同じ権利を他人から受け取らないような構成員はだれもいないのだから、人は失うすべてのものと等価のものを手に入れ、また、持っているものを保存するための力を〔結社によって〕より多く手に入れるのである。

そこで、もし社会契約から、本質的でないものを取り除くなら、次の言葉に帰着することがわかるだろう。われわれのおのおのは、身体とすべての能力を共同のものとして、一般意志の最高の指揮のもとに置く。それに応じて、われわれは、団体のなかでの各構成員を、分割不可能な全体の部分として受け入れる。

この結社行為は、直ちに各契約者の個々の人格に代わって、一つの精神的で集合的な団体を生みだす。その団体は、〔これを設立する〕集会の有する投票権と同数の成員からなり、この同じ結社行為から、その統一、その共同の自我、その生命、その意志を受け取る。このように、おのおのの個人がすべての他者と結びつくことによって形成されるこの公的人格は、かつては都市〔国家〕（Cité）[1]いまは共和国（République）または政治体（corps politique）と名づけられている。それが受動的な面でとらえられる場合は、その成員によって国家（Etat）と呼ばれ、能動的な面でとらえられる場合は、主権者（Souverain）と呼ばれる。他の同様の公的人格とくらべるときは、国（Puissance）と呼ばれる。構成員について言えば、集合的には人民（peuple）という名称を持ち、主権者として参加する個々の単位としては市民（Citoyens）、国家の法に従うものとしては臣民〔＝被治者〕（Sujets）と呼ばれる。しかし、これらの用語はしばしば混同され、互いに取り違えられている。ただ、これらの用語を完全に正確に使おうとする場合に、それらを区別できれば、それで十分である。

（1）この都市《シ》〔国家《テ》〕という語の真の意味は、現代人のあいだでは、ほとんど完全に見失われてしまっている。大多数の人は、都会（ville）を都市〔国家〕と、ブルジョワを市民と取り違えている。都会をつくっているのは家屋だが、都市〔国家〕は市民がつくるものであることを、彼らは知らない。これと同じ過ちが、かつてカルタゴ人に高い代価を支払わせた。私は市民（Cives）という称号が、かつてどこかの君主によってその臣民に与えられたことを、一度も読んだためしがない。古代においてはマケドニア人、われわれの時代ではイギリス人が、他のすべての国民よりも自由に近づいているが、やはりこの称号は与えられなかった。フランス人だけが、この市民という名称をまったく安易に用いている。それは、彼らの辞典を見てもわかるように、彼らがこの名称の真の意味をおよそつかんでいないからだ。そうでなければ、この名を僭称することで、不敬罪を犯していることになろう。この名称はフランス人のあいだでは徳をあらわしており、権利をあらわしてはいない。ボダンはわれわれの市民と町民《ブルジョワ》について語ろうとしたさい、両者を取り違えて大失策を犯した。ダランベール氏は、この点において誤ることなく、〔『百科全書』の〕項目「ジュネーヴ」のなかで、わが都会に住む人々の四身分（二）を（たんなる外国人も勘定に入れると五身分をも）――そのうち二身分のみが共和国を構成するのだが――はっきり区別した。私の知るかぎりでは、他のいかなるフランスの著者も、この市民という語の真の意味を理解してはいない。

第七章　主権者について

この公式から次のことがわかる。結社行為は、公衆〔＝人民〕と個々人とのあいだの約束を含むこと、また各個人は、いわば自分自身と契約しているので、二重の関係で——すなわち、主権者の成員としては個々人に対して、国家の成員としては主権者に対して——約束していることである。しかし、何びとも自分自身と結んだ約束には拘束されないという民法の格率は、ここでは適用できない。というのは、自分に対して義務を負うことと、自分がその一部分を成している全体に対して義務を負うこととのあいだには、大きな相違があるからである。

なお、次のことに注意しておかなければならない。すなわち、臣民〔＝被治者〕の一人一人は〔前節で述べたように〕二つの異なった関係から考察されているから、公共の議決が、彼らのすべてを主権者に対して義務づけることができるが、その理屈を逆に使って、この議決が主権者を主権者自身に対して義務づけることはできない、ということ、したがってまた、主権者がみずから破ることのできない法を自分に課するのは、政治体の本性に反する、ということである。主権者は一つの同じ関係からしか自分自身を考えることができないのだから、その状況は、自分自身と契約する個々人の場合と同じである。そこから、人民という団体に義務を負わすいかなる種類の基本法もなく、またありえないことがわかる。社会契約でさえも同様である。（二二）このことは、その団体が、社会契約に違反しない事柄においても、他者〔＝外国〕としっかりした約束を結べないということを意味するものではない。なぜなら、外国に対しては、この団体は単一の存在、一個人となるのだから。

しかし、政治体または主権者は、ひとえに神聖な契約によって存立しているのであるから、他者

〔=外国〕に対してさえ、この原初の行為に違反するようなことで、何一つ自分を縛ることはできない。たとえば、自分自身のどこか一部分を譲渡するとか、他の主権者に服従するといったことである。自分が存立する根拠となった〔約束〕行為に違反すると、みずからの滅亡にいたるだろう。そして、無にすぎないものは何ものも生みださない。

群衆がこのように集合して一つの団体をつくるやいなや、一人でもその成員を傷つければ、かならず団体を攻撃したことになるし、まして団体を傷つければ、かならず成員たちの怨みを買うことになる。こういうわけで、義務と利益とが等しく双方の契約当事者を縛り、相互に助け合うようにさせる。そして、同じ人々が、この二重の関係のもとで相互扶助にもとづくあらゆる利点を結びつけようと努めるに違いない。

ところで、主権者はそれを構成している個々人からのみ成り立っているのであるから、彼らの利益に反する利益を持っていないし、また持つこともできない。したがって、主権者の権力はその臣民に対して、なんらの保証を与える必要はない。政治体がその全成員を害しようと欲することはありえないからである。そして、後述するように、[一三]政治体は個人としての何びとをも害することはできない。主権者は、ただ存在するということだけで、つねに主権者たる要件をすべて備えている。

しかし、臣民が主権者に対する場合は、こうはいかない。その場合には、〔約束を守るのが〕臣民の共同の利益であるにもかかわらず、主権者が臣民の忠誠を確保する方法を見いださないかぎり、彼らが約束を守るかどうかの保証はどこにもない。

じっさい、人間としての各個人は、市民としての彼の持っている一般意志に反したり、あるいはそれと異なる特殊意志を持つことがある。彼の特殊意志は、共同の利益とはまったく違ったふうに彼に話しかけることがある。人間はだれでも絶対的な存在であり、本来は独立した存在であるから、共同の利益のために課せられている義務の遂行を無償の寄付であるとみなし、自分にとって高くつく支払いにくらべれば、〔寄付をしないことで〕他人の受ける損失のほうが少ないと考えることもありうる。そして、彼は、国家を構成する精神的人格が一個の人間ではないという理由から、これを理屈で考え出したものとみなし、臣民の義務を果たそうともしないで、市民の権利を享受するかもしれない。このような不正が進めば、政治体の破滅を招くだろう。

したがって、社会契約を空虚な公式としないために、一般意志への服従を拒む者はだれでも、団体全体によって服従を強制される、という約束を暗黙のうちに含んでいるのであり、そして、この約束だけが、他の約束に効力を与えうるのである。このことはただ、彼が自由であるよう強制される、ということを意味しているにすぎない。なぜなら、このようなことこそ、各市民を祖国にゆだねることによって彼をすべての個人的依存から守護する手段であり、政治機構の装置と運動を生みだす条件であり、市民のあいだのさまざまな約束を合法的なものとする唯一の条件であるからだ。この条件がなければ、これらの約束は、不条理で圧制的なものとなり、大変な誤用に陥るだろう。

第八章　社会状態《エタ・シヴィル》について

自然状態から社会状態へのこの推移は、人間のうちにきわめて注目すべき変化をもたらす。というのは、人間の行為において、正義を本能に置きかえ、これまで欠けていた道徳性を人間の行為に与えるからである。そのときにはじめて、義務の呼び声が肉体の衝動に、権利が欲望にとって代わり、そのときまでは自分のことしか考えていなかった人間が、以前とは別の原理によって動き、自分の好みに耳を傾けるまえに理性に問い合わせなければならなくなっていることに気づく。この状態において、彼は自然から受けていた多くの利益を失うとしても、その代わりきわめて大きな利益を手に入れる。彼の能力は訓練されて発達し、彼の考えは広がり、彼の感情は気高くなり、彼の魂全体が高められる。このような高所に達するので、もしこの新しい状態の悪用のために、彼が脱出してきたもとの状態以下に堕落するようなことがなければ、彼をもとの状態から永久に引き離し、愚かで視野の狭い動物を知性的存在でありかつ人間たらしめたあの幸福な瞬間を、彼はたえず祝福しなければならないだろう。

この得失の総決算を比較しやすい項目で要約してみよう。人間が社会契約によって失うもの、それは彼の自然的自由と、彼の欲望を誘い、しかも彼が手に入れることのできるすべてのものに対する無制限の自由とである。これに対して彼がかち得るもの、それは社会的自由《リベルテ・シヴィル》と、彼が持っているすべてのものに関する所有権とである。（二四）この埋め合わせについて思い違いをしないためには、もっぱら個人の力だけが限度を左右する自然的自由と、一般意志によって制限されている社会的自由との違いを、はっきり見分けることが必要だ。また、暴力の結果か先占権にすぎない占有と、法律上の権原にもとづいてはじめて成り立ちうる所有権との違いを、はっきり見分けることが必要だ。

上に述べたところにもとづき、人間を真にみずからの主人たらしめる唯一のもの、すなわち道徳的自由を、社会状態において獲得するもののなかにつけ加えることができよう。なぜなら、欲望だけにかりたてられるのは奴隷状態であり、みずから課した法に従うことが自由だからである。しかし、私はこの問題についてもう十分過ぎるほど語ったし、また、自由という語の哲学的意味は私の課題ではない。

第九章　土地所有権について

共同体の各成員は、共同体が形成されたときに、みずからを共同体に与える。すなわち、彼自身と彼のすべての力――彼の財産もその一部である――とを現状のままで与える。この行為によって、占有は保持者の交替とともに性質を変えることはなく、主権者の手に移ったからといって所有となるわけではない。しかし都市《シテ》〔国家〕の力は、個人の力とはくらべものにならないほど大きいから、公の占有もまた、事実上もっと強く、もっと動かしがたいものである。しかし、もっと正当であるということにはならない。少なくとも外国人にとっては。というのは、国家は、その構成員に対しては、国家内のすべての権利の基礎となっている社会契約によって、彼らの全財産を支配できることが、外国に対しては、自国の個人から引き継いだ先占権によってのみ、これを支配するにすぎないからである。

先占権は、最強者の権利よりも実質的ではあるが、所有権の確立のあとでなければ、真の権利とはならない。人はすべて、本来は自分に必要ないっさいのものに対して権利を持っている。しかし、彼をなんらかの財産の所有者にする積極的行為があると、彼は〔共同体の〕残りのすべてから締めだされる。自分の分け前が決まった以上、彼はそれで辛抱すべきであり、共同体に対してもはやいかなる権利も持たない。自然状態においてきわめて弱いものであった先占権が、あらゆる社会的人間にとって尊重すべきものとなるのは、以上の考え方からである。この権利においてわれわれが尊重しているのは、他人のものというよりも、むしろ自分のものでないものなのである。

一般に、なんらかの土地に対する先占権を正当なものにするためには、次のような諸条件が必要である。第一に、その土地にまだだれも住んでいないこと、第二に、暮らしてゆくのに必要な広さしか占拠しないこと、第三に、空虚な儀式によってではなく、労働と耕作によって、これを占有すること。この労働と耕作は、法的な権原のない場合でも、他人が尊重せざるをえないような唯一の所有のしるしである。

ところがじっさいは、必要と労働に対して先占権を認めるということは、この権利を及ぶかぎり広げることになりはしないか。この権利に制限を加えてもよいのではないか。共有地に足を踏み入れるだけで、直ちにそこの主人であると主張することができるだろうか。いっときのあいだ、他の人々をその土地から追い払う力を持っているというだけで、彼らがいつかそこに戻ってくる権利を彼らから奪うことができるだろうか。個人や国民が広大な領土を独占して、全人類を締めだすなどということが、刑罰に値する横領によらないでどうしてできるのか。自然が人間に共同のものとして与えた住居と食物を他の人々から奪うのは、刑罰に値する横領ではないか。ヌニェス・バルバオ(二五)が海岸に上陸しただけで、カスティリャ王の名において、南の海〔＝太平洋〕と南アメリカ全土を占有した〔と称した〕とき、それは、全住民からその土地を奪い、世界のすべての君主をそこから締めだすのに十分だったろうか。こういうやり方で、これらの儀式はいたずらに数を増していった。カトリックの王〔＝スペイン王〕は自分の執務室にいながら、いっきょに全世界を占有し、ついで、他の君主たちがそれ以前に占有していた領土を、自分の帝国から切り離しさえすればよかったのである。

個人の土地が取りまとめられ、相互に接続して、公共の領土となるのはどうしてなのか、また主権が、臣民から彼らの占有する土地へと拡大され、人に対する権利であると同時にまた物に対する権利となるのはどうしてなのか、ということがこれでわかる。このことが、占有者をいっそう強く〔主権に〕依存させ、彼らが〔占有〕力を持っているというそのことが、〔主権に対して〕忠誠を尽くさざるをえない保証となるのである。この利点を古代の王たちは十分感じていたように思われない。彼らは自らペルシア人の王、スキタス人の王、マケドニア人の王などと称しただけで、自分を国土の主人というより、むしろ人間の首長とみなしていたようである。今日の国王たちはもっと利口に、フランスの王、スペインの王、ドイツの王等々と称している。このように土地を握っていれば、いわば十分な自信をもって、その住民を握っていられるのである。

この譲渡に見られる特異な点は、共同体は個々人の財産を受け取るけれども、これを彼らからはぎ取るどころか、むしろ彼らに土地の合法的な占有を保証し、横領を真の権利に、享有を所有権に変えるだけにとどまる、ということである。そうなれば、占有者は公共財産の保管者とみなされ、彼らの権利は国家の全構成員から尊重され、外国人に対しては国家の全力をあげて保護される。だから、彼らは、公共の利益ともなり、また彼ら自身にとってはなおいっそうの利益ともなる譲歩によって、いわば、自分の与えただけのものをすっかり手に入れたことになるのである。これは一つの逆説であるが、あとで述べるように、[二八]同じ地所について主権者の持つ権利と、所有者の持つそれとを区別することによって、容易に説明がつく。

また、次のようなことも起こりうる。すなわちそれは、人々が何かを占有するまえに、まず結合し、それから、全員にとって十分なだけの土地を占領して、これの利益を共同で享受するか、それとも、あるいは平等に、あるいは主権者によって決められた割合に従って、分有する場合である。その獲得がどんな仕方で行なわれるにせよ、各個人が自分自身の地所に対して持つ権利は、共同体がすべての土地に対して持っている権利につねに従属する。このことがなければ、社会のきずなには固さがなく、主権の行使には真の力がなくなるだろう。

私はすべての社会組織の基礎として役立つはずの一つの点を指摘し、本章および本篇を終わろう。それは、この基本契約は、自然的平等を破壊するのではなく、むしろ反対に、自然がときとして人間のあいだに持ちこむ肉体的不平等に代えて、道徳上および法律上の平等を打ち建てる、ということ、また人間は、体力や天分においては不平等でありうるが、約束によって、また権利によってすべて平等になる、ということである。[1]

（1）悪い政府のもとでは、この平等は外見だけで、幻のようなものにすぎない。それは、貧者を貧窮のなかに、富者を横領のなかにすえ置くことしか役立たない。事実、法律は、つねに持てる者に有益で持たざる者に有害である。したがって社会状態は、すべての人々が何ほどかのものを持ち、しかもだれもが持ち過ぎてはいないかぎりにおいて、人々に有利であるにすぎない。

第一篇終わり

第二篇

第一章　主権は譲渡できないこと

これまでに明らかにされた諸原則から出てくる最初の、そしてもっとも重要な結果は、一般意志のみが、公共の福祉という国家設立の目的に従って、国家のもろもろの力を指導できるということである。なぜなら、個々人の特殊な利益の対立が社会の設立を必要としたとしても、その設立を可能にしたのは、この同じ特殊な利益の一致だからである。これらの異なった利益のなかにある共通なものこそ、社会のきずなを形成する。そこで、かりにすべての利益が一致するようななんらかの点が存在しないとすれば、どんな社会も存立することはできないだろう。社会はもっぱらこの共通の利益にもとづいて統治されなければならない。

だから、私は言おう、主権とは一般意志の行使にほかならない(一)のだから、けっして譲り渡すことはできない、と。また、主権者とは、集合的存在にほかならないのだから、この集合的存在そのものによってしか代表されえない、と。なるほど権力は譲り渡すこともできよう。しかし、意志はそうはできない。

じっさい、ある特殊意志〔たとえば首長の意志〕がなんらかの点で一般意志と一致することは、ありえないことではないにしても、少なくともこの一致が持続し常態となることは不可能である。なぜなら、特殊意志は、その本性上、自己優先のほうへ、一般意志は平等のほうへ傾くからだ。そうした一致がたとえつねにあるはずだとしても、その一致の保証を〔人民が〕手に入れることはもっと不可能である。この一致は人為によるものではなく、偶然の結果であろう。主権者〔＝人民〕は、なるほど「私は、この人物〔＝首長〕が望んでいることを、あるいは少なくとも望むと言っていることを現に望んでいる」と言うことはできる。しかし、「この人物が明日望むであろうことを、やはり私も望むであろう」とは言えない。というのは、意志が未来のことに関してみずからを縛るのは不条理であるし、また、望んでいる当人の利益に反することに同意を与えるなら、それは、およそ意志に依拠していないことになるからである。だから、人民がただ服従すると約束しただけでも、人民はその行為によって解体し、人民としての資格を失ってしまう。支配者が現われた瞬間に、もはや主権者はいなくなり、そのときから政治体は破壊される。

そうだからといって、首長の命令はいつも一般意志として通用しえない、と言っているわけではない。命令に反対できる主権者が反対しないかぎり、それは一般意志として通る。そのような場合、全体の沈黙から、人民の同意を推測すべきである。このことはもっと詳しく説明するつもりだ(二)。

第二章　主権は分割できないこと

主権は譲り渡すことができないのと同じ理由で分割することはできない。なぜなら、意志は一般的であるか(1)、そうでないかのどちらか、すなわち、それは人民全体の意志であるか、人民の一部の意志にすぎないかのどちらかだからである。前者の場合には、表明された意志は主権の行為であり、法律となる。後者の場合には、それは特殊意志か、行政機関の行為にすぎず、せいぜい命令《デクレ》であるにすぎない。

（1）　意志が一般的であるためには、それが全員一致であることをかならずしも必要としないが、全員の票が数えられることが必要である。数からの除外は、どんな方式をとろうとも、〔議決の〕一般性を破壊することになる。

しかしながら、わが政治学者たち(三)は、主権をその原理においては分割できないので、その対象において分割している。彼らは主権を力と意志とに分割し、こうして立法権と執行権、課税権や司法権と交戦権、国内行政権と外国との条約締結権といったふうに分割が行なわれる。ときにはこれらすべての部分を混合し、ときにはこれらを切り離す。彼らは、主権者を寄せ集めの断片でつくられた幻想的な存在にしてしまう。それはちょうど、眼だけのからだ、腕だけのからだ、足だけのからだといった、一部分しか持たないからだを多く集めてきて、一人の人間を構成するようなものである。日本の香具師《やし》が、見物人の眼のまえで、子供のからだをばらばらにし、それからその手足を次々にほうりあげると、五体のそろった命のある子供となって落ちてくるそうだ。わが政治学者たちの手品にしても、およそこのようなものである。彼らは、市に出しても恥ずかしくないまやかしの術で、社会というからだをばらばらにしたあと、どんな術なのかわからないが、その断片をまた一つに集めるのである。

こうした誤りは、主権についての正確な概念がつくられていないこと、また、主権から発したにすぎないものを、主権の部分だと取り違えたことから生ずる。そこで、たとえば宣戦布告の行為と講和締結の行為は、主権の行為とみなされていた。だがそうではない。というのは、これらのどちらの行為も、法律ではなくて、法律の一適用、すなわち法律をいかに適用するかを決定する特殊的な行為であるにすぎないからである。このことは、法律という語に結びつけられている観念をのちに定義するときに明らかになるだろう。(四)

同じように、主権を区分する他の場合を調べてみても、主権が分割されていると思いこんでいる場合はすべて、その考えが誤っている、ということがわかるだろう。そして、この主権の一部だと取り違えられているもろもろの権利は、すべて主権に従属しているのであり、つねに最高意志を前提とし、その意志を執行する権利であるにすぎないことがわかるだろう。

この点について正確さを欠いていたために、政治的権利を論究する著述家たちが、みずからの確立した原理にもとづいて、国王と人民とのそれぞれの権利を定めようとしたとき、その決定にどんなに多くの曖昧さが生じたかは、およそ測りしれないほどである。グロチウスの『戦争と平和の法』第一篇第三章および第四章を見れば、この博学者とその翻訳者バルベーラックが、自分たちの意図にとって言い過ぎになることや、言い足りなかったりすることを恐れたり、また、自分たちが調停すべきもろもろの権利を衝突させることを恐れたりするあまり、いかに混乱し、詭弁にはまり込んでいるかは、だれにもわかるだろう。グロチウスは祖国に不満でフランスに亡命し、自著をささげたルイ十三世に取り入ろうとして、人民からあらゆる権利をはぎ取り、それを技巧の限りを尽くして国王にまとわせるためには、何ものをも惜しまなかった。これはまた、まさしくバルベーラックの好みでもあったらしく、彼はその翻訳をイギリス王ジョージ一世にささげている。しかし、不幸なことに、ジェイムズ二世は追放されたので――バルベーラックはこれを譲位と呼んでいるが――ウィリアム王を王位簒奪者としないために、彼は慎重に振舞い、屈折した回りくどい表現をしなければならなかった。もし、この二人の著述家が真の原理を採用していたならば、すべての困難は一掃され、彼らは終始一貫しえたであろう。もっともそのときには、彼らは憂いをこめて真理を語り、人民に訴えることしか念頭になかったであろう。ところで、真理は財産をもたらしはせず、人民は大使や教授の職も、年金も与えてはくれないのである。(五)

第三章　一般意志は誤ることがあるか

以上に述べたことから、一般意志はつねに正しく、つねに公共の利益に向かうことになる。しかし、人民の議決がつねに同じように公正であるということにはならない。人はつねに自分の幸福《ビアン》を望むが、かならずしもつねに、何が幸福であるかがわかっているわけではない。人民はけっして腐敗させられることはないが、しばしば欺かれることはある。そして、人民が自分にとって有害なものを望むように見えるのは、その場合だけである。

全体意志と一般意志とのあいだには、しばしばかなり相違がある。後者は共同の利益だけを考慮する。(六)前者は私的な利益にかかわるものであり、特殊意志の総和にすぎない。しかし、これらの特殊意志から、〔一般意志との距離である〕過不足分を相殺させて引き去ると、(1)差の総計が残るが、これが一般意志である。

（1）ダルジャンソン侯は言う、「各人の利益は、それぞれ違った原理を持っている。二つの特殊な利益の一致は、第三者の利益との対立によって形成される」（七）と。彼はこうつけ加えることができたであろう。すべての人の利益の一致は、各人の利益との対立によって形成される、と。かりに、相異なる利益がないとすれば、共同の利益はなんの障害にも出会わないから、人々は共同の利益にほとんど気づきもしないだろう。すべてはひとりでに進行し、政治は技術《アール》であることをやめるであろう。

人民が十分な情報をもって討議するとき、もし、市民相互があらかじめなんの打ち合わせもしていなければ、〔一般意志との〕わずかな差が多く集まって、その結果つねに一般意志が生みだされるから、その結果はつねによいものであろう。ところが、部分的結社である徒党が、大結社〔＝政治体〕を犠牲にしてつくられると、これらの部分的結社のおのおのの意志は、その構成員に対しては一般的であるが、国家に対しては特殊的となる。その場合には、もはや人々と同じ数の投票者があるのではなくて、部分的結社と同じ数の投票者があるにすぎなくなると言えよう。差の数が減少すると、その結果として一般性の程度も減少する。ついには、これらの結社の一つが非常に大きくなって、他のすべての結社を圧倒するようになると、結果は、もはやさまざまのわずかな差の総和があるのではなく、ただ一つの差だけがある、ということになる。そうなれば、もはや一般意志は存在せず、勝利を占める意見は、特殊な意見であるにすぎない。

それゆえ、一般意志が十分に表明されるためには、国家の中に部分社会が存在せず、おのおのの市民が自分だけに従って意見を述べることが必要である。(1) 偉大なリュクルゴスの独特で卓抜な制度はこのようなものであった。いくつかの部分社会があるときには、ソロン、ヌマ、セルヴィウス(八)の行なったように、その数をふやし、その間の不平等を防止しなければならない。こうした周到な用意こそ、一般意志がつねに輝きを失わず、人民が誤りを犯さないための唯一の良策なのである。

(1) マキァヴェリは言う、「じつを言うと、国家に有害な対立もあれば、国家に有益な対立もある。分派や党派を発生させる対立は国家に有害であり、分派、党派をともなわない対立は国家に有益である。それゆえ、共和国の創設者は、国家内に反目が現われるのを避けることができない以上、せめて徒党が形成されないよう備えるべきである」(『フィレンツェ史』第七篇)と。

第四章　主権の限界について

もし、国家または都市〔国家〕《シテ》が一個の精神的人格であって、この人格の生命がひとえに構成員の結合において成り立っているとすれば、また、国家の配慮のうちでいちばん重要なものが自己保存の配慮であるとすれば、国家は、その各部分を全体にとってもっとも好都合なやり方で動かし、配置するための、普遍的かつ強制的な力を持たなくてはならない。ちょうど、自然がおのおのの人間に、そのからだのすべての部分に対する絶対的な力を与えているのと同じように、社会契約は政治体にその全構成員に対する絶対的な力を与えるのである。そして、一般意志によって導かれるこの力が、まえに述べたように主権と名づけられるものなのである。しかし、われわれは、この公共の人格のほかに、これを構成している私人たちを考慮しなければならない。そして、後者の生命と自由とは、本来前者とは独立のものである。そこで、市民たちと主権者との、それぞれの権利をはっきり区別し、また、市民たちが臣民〔＝被治者〕として果たすべき義務と、市民たちが人間として享有するはずの自然権とを、はっきり区別することが問題となる。

（1）注意深い読者諸君、どうか、性急にここで矛盾をとがめないようお願いする。言葉というものは貧弱なので、私は用語の矛盾を避けることができなかった。だが、しばらく待っていただきたい。

各人は、社会契約によって自己の能力、財産、自由を譲り渡しはするが、共同体が使用するのに必要なものは〔じっさいにはその全部ではなく〕その一部にすぎない、ということは認められている。しかし、この必要性を判定するのは主権者だけである、ということも認めなくてはならない。

市民は、主権者が求めれば、直ちに国家に対してなしうるかぎりの奉仕を行なわなければならない。しかし、主権者の側においても、共同体にとって不必要ないかなる束縛をも臣民に課することはできない。いや、そう望むことさえできない。というのは、理性の法則のもとにおいても、自然の法則の場合と同様に、原因なくしては何ごとも起こらないからである。

われわれを社会全体に結びつけている約束が拘束力を持つのは、その約束が相互的であるからにほかならない。そこで、この約束は、人がそれを果たそうとして他人のために働けば、それが同時に自分のために働くことにもなる、といった性質のものである。なぜ、一般意志はつねに正しく、しかも、なぜ、すべての人はたえず各人の幸福を願うのであろうか。それは、各人という語を自分のことと考えない者はなく、またすべての人のために投票するにあたって、自分自身のことを考慮しない者はいないからではないか。このことから、次の点が明らかとなる。すなわち、権利の平等およびこれから生ずる正義の観念は、各人がまず自分自身を優先させるということから、したがって人間の本性から出てくるということ。一般意志は、それが本当に一般意志であるためには、その本質においてと同様、その対象においても一般的でなければならないこと。一般意志はすべての人から発し、すべての人に適用されなければならないこと。一般意志が、なんらかの個別的な限定された対象に向かうときは、われわれに無縁のものについて判断しており、われわれを導く真の公平の原理を持っていないわけだから、その場合には一般意志は本来の公平さを失うこと。以上である。

じっさい、あらかじめ一般的な契約によって規定されていない点について、特殊的な事実または権利が問題となるやいなや、それは訴訟事件となる。それは、利害関係を持つ個人が一方の当事者で、公共が他方の当事者である訴訟なのだが、その場合にどんな法律を適用すべきか、また判決を下す裁判官としてだれが適当かは明らかでない。このさいに、一般意志の表現としての判決に任せようと望むのはおかしい。というのは、この判決は、当事者の一方の側の結論以外の何ものでもありえず、したがって他の当事者にとっては、自分と無縁の、特殊な、そしてこういう場合には不正に走り、誤りを犯しやすい意志〔の表現〕にすぎないからである。このように、特殊意志が一般意志を代表できないのと同様に、一般意志も、特殊的な対象を持つ場合には、その性質を変え、人間についても事実についても、一般的なものとして判決を下すことができなくなる。たとえば、アテナイの人民が、その首長たちを任命あるいは罷免し、ある者には名誉を与え、他の者には刑罰を科し、また多くの特殊的な政令によって政府のあらゆる行為を無差別に行なったとき、人民はもはや厳密な意味での一般意志を持っていなかった。人民は、もはや主権者としてではなく、行政官《マジストラ》として行為したのである。この考えは、通念に反しているように見えるだろう。しかし、私の考えを述べるのに時間を与えていただかなければならない。

以上述べてきたことから、意志を一般的なものたらしめるのは、投票者の数よりも、むしろ投票者を一致させる共同の利益であることが理解されなければならない。なぜなら、この制度においては、各人は、自分が他人に課する条件に自分もかならず従うからである。この利益と正義のすばらしい合致が、公共の議決に公平という性格を与える。ところが、特殊な利益にかかわる事件を論議する場合には、いつもこの公平という性格は消えてしまう。裁判官の規準と訴訟当事者の規準とを一致させ、同じものにする共同の利益がないからである。

どちらの側から原理にさかのぼったところで、いつでも同じ結論に達する。すなわち、社会契約は、市民のあいだに平等を確立するので、市民はすべて同一の条件のもとに義務を負い、同一の権利を享有すべきである、という結論である。それゆえ、社会契約の性質からして、主権のすべての行為、すなわち一般意志のすべての真正の行為は、全市民に等しく義務を負わせ、また恩恵を与える。したがって、主権者はただ国民という団体を認めるだけであって、これを構成する個々の人々を区別しない。では、主権の行為とは、厳密にはいったいなんであろうか。それは上位者と下位者との約束ではなく、団体とその各構成員との約束である。その約束は適法である。なぜなら社会契約を基礎としているから。それは公正である。なぜならすべての人に共通だから。それは有益である。なぜなら一般の福祉以外の目的を持たないから。それは確実である。なぜなら公共の力と至高の権力という保証を持っているから。臣民〔＝被治者〕はこうした約束だけに従うかぎり、彼らは何びとにも服従せず、自分自身の意志にのみ服従する。主権者と市民のそれぞれの権利がどこまで及ぶかを問うことは、市民たちがどの点まで自分自身と約束することができるか、すなわち、各人が全員に対し、全員が各人に対して、どの点まで約束することができるか、を問うことである。

そこから次のことがわかる、すなわち、主権がいかに絶対的であり、神聖であり、侵すべからざるものであろうとも、一般的な約束の限界を越えることはなく、また越えることができないということ、そして、あらゆる人はだれでも、これらの約束によって、自分の財産と自由のうち、自分に残されている部分を、十分に使うことができる、ということである。したがって、主権者はある臣民〔＝被治者〕に他の臣民よりも重い負担を負わせる権利を持たない、ということにもなる。なぜなら、その場合には、問題は特殊なものとなるので、主権者の権限はもはやそこまでは及ばないからである。

ひとたびこれらの区別が認められると、社会契約において、個々人の側になんらかの放棄が本当に行なわれる、と見るのはまったくの誤りであり、彼らの状態は、この契約の結果、前よりも現実に好ましいものとなり、何ものかを譲渡したどころか、有利な交換をしたにすぎないことがわかる。すなわち、不確かで一時しのぎの生活様式をもっとよい、もっと確実な生活様式に取りかえ、自然的独立を自由と取りかえ、他人を害しうる能力を自分自身の安全と取りかえ、他人によって打ち負かされるおそれのある自分の実力を社会の結合が不可侵のものとする権利と取りかえたにすぎない。彼らが国家にささげた生命そのものも、国家によってたえず保護されている。それゆえ、彼らが国家を守るために生命を危険にさらすとき、彼らは国家から受け取ったものを国家に返すだけではないのか。それは、自然状態において避けがたい戦いを交え、自分の生命を保存するのに役立つものを命がけで守っていたとき、もっとたびたび、またいっそうの危険を冒して行なっていたことにほかならないのではないか。すべての人は、必要とあれば祖国のために戦わなければならない。それはそうだ。だがまた、何びとも自分自身のために戦う必要はまったくないのである。われわれの安全が奪われたときには、すぐにわれわれ自身のために冒さなければならない危険、その危険の一部を、われわれの安全を守ってくれる祖国のために冒すとしても、まだ得をしていることになるのではないか。

第五章　生と死の権利について

個々人は、自分自身の生命を処分する権利を持たないのに、どうしてこの自分が持ってもいない権利を主権者に譲渡できるのか、と問う人がある。この問題が解きがたく見えるのは、問題の立て方がまずいからにすぎない。人はすべて自分の生命を守るためなら、生命の危険を冒す権利を持っている。火事を逃れるために窓から身を投げた者は、自殺の罪を犯したのだと、かつて言われたことがあったろうか。乗船にあたって危険を知らないではなかったからといって、嵐で死んだ人にこの自殺の罪を負わせた人がかつてあったろうか。

社会契約は、契約当事者の〔生命の〕保存を目的とする。目的を達成しようとする者は、手段をも真剣に望む。そして、これらの手段は、いくらかの危険を、さらにはいくらかの損害をさえ、避けることはできない。他人を犠牲にしてみずからの生命を保存しようとする者は、必要であれば、同様に他人のためにみずからの生命を与えなければならない。ところで、市民は法によって危険に身をさらすことを求められたとき、もはやその危険について得失を判断する立場にはいない。そこで、統治者《プランス》(一〇)が市民に向かって、「おまえの死ぬことが国家に役立つのだ」と言うとき、市民は死ななければならない。なぜなら、この条件においてのみ、彼はそれまで安全に暮らしてきたのであり、また、彼の生命はもはやたんなる自然の恵みではなく、国家からの条件つきの贈物だからである。

犯罪者に科せられる死刑もほぼ同じ観点から考察されうる。暗殺者の犠牲にならないために、われわれは、もし自分が暗殺者になった場合には死刑になることを承諾するのである。この契約において、われわれは、自分の生命を譲渡するどころか、その安全の保証を得ることだけを念頭に置いているのであり、契約当事者のなかに、契約の時点において自分が絞首刑になることを予想する者が一人でもあろうとは、およそ考えられない。

さらに、社会的権利を攻撃する悪人は、すべてその大罪によって祖国への反逆者、裏切者となる。彼は、祖国の法律を侵すことによって、祖国の一員であることをやめ、ついに祖国に対して戦いをいどむことにさえなる。二つのうちの一つが滅びなければならない。そこで、市民としてよりもむしろ敵として、罪人を殺すのである。彼を裁判にかけ、判決を下すのは、彼が社会契約を破ったということ、したがってもはや国家の一員ではないことを、証明し宣言することなのだ。ところが、彼は少なくともそこに住んでいたということによって、その国家の一員であることを自認していたのだから、彼は契約の違反者として追放されるか、あるいは公共の敵として死刑にされるか、そのどちらかによって、国家から切断されなければならない。なぜなら、この種の敵は、〔戦わないでも絶交または征服が可能な〕精神的人格〔＝他国家〕ではなく、たんなる人間なのだから。そこで、この場合には戦争の権利によって敗者を殺すのである。

しかし、個々の犯罪者の処刑は、特殊的な行為ではないか、という人もあろう。同感だ。だから、この処刑はけっして主権者の役目ではなく、主権者が授けることはできるが、自分自身では執行できない権利なのである。私の考えはすべて矛盾することなく一貫しているのだが、同時に全部を述べることはできない。

なお、刑罰が頻繁に行なわれるのは、つねに政府の弱体か怠慢の兆候である。どんな悪人でも、何かの役に立つようにしむけることができるものだ。生かしておくと危険だという者以外には、たとえみせしめのためであっても、殺す権利はだれにもない。

特赦をする権利、または法によって定められ、裁判官によって宣告された刑罰を罪人に免除する権利について言えば、それは裁判や法の上にあるもの、すなわち主権者のみに属する。しかも、このことについての主権者の権利はあまりはっきりしたものではなく、これを行使する事例もきわめてまれである。よく統治されている国家においては懲罰が少ないが、それは特赦が数多く行なわれるからではなく、犯罪者が少ないからである。国家が衰えると犯罪が多発し、そのために犯罪者は罰を受けないですむ。ローマ共和国のもとでは、元老院も執政官も特赦をしようとは試みなかったし、人民でさえも、ときには自分の下した判決を取り消しはしたものの、特赦をしたことはなかった。頻繁な特赦は、近いうちに犯罪が特赦を必要としなくなることを告げており、次はどうなるかは眼に見えている。しかし私は、自分の心が騒ぎ、筆をにぶらせるのを感じる。こういう問題は正しい人に論じてもらうことにしよう。過ちを犯したことがなく、いまだかつて自分自身のためには赦しを求める必要がなかった人に。

第六章　法について

社会契約によって、われわれは存在と生命とを政治体に与えた。いまや問題は、立法によって運動と意志とをそれに与えることである。なぜなら、この団体を形成し、統一する最初の行為は、団体がみずからを保存するためには何をなすべきかということについて、まだ何も定めてはいないからである。

善であって、秩序にかなったものは、事物の本性によってそうなのであって、人間の約束に従っているためではない。すべての正義は神から由来し、神のみがその源である。しかし、われわれが正義をそんなに高いところから受け取ることができるのなら、われわれは政府も法も必要としないであろう。たしかに、理性のみから発する普遍的正義というものがある。だが、この正義がわれわれのあいだで受け入れられるためには、それは相互的でなければならない。この事態を人間の観点から考えてみると、自然は制裁を加えないので、正義の法は人間たちのあいだでは効力がない。善人はすべての人に対してこの法を守るが、彼に対してだれもそれを守らない場合、正義の法は悪人に得をさせ、善人に損をさせるだけである。それゆえ、権利を義務に結びつけ、正義にその目的を達成させるためには、約束と法律とが必要だ。すべてが共有である自然状態においては、私はなんの約束も与えていないのだから、人々に対してなんら義務を負わない。自分にとって無用のものだけを、他人のものと認めるにすぎない。社会状態においてはそうではない。そこではすべての権利が法によって規定されている。

しかし、それではいったい法とはなんだろうか。この語に形而上学的観念だけを結びつけて満足しているかぎり（二二）、いつまで理屈を言っても共通の理解は出てこないだろう。また、自然の法とは何か、という問に答えたところで、そのために国家の法とは何かということが、いっそうよくわかることにもならないだろう。

私はすでに、特殊的な対象については一般意志はありえない、と言った。〔一二〕じっさい、この特殊的な対象は国家の内にあるか、または国家の外にある。もし国家の外にあるならば、国家との関係においてて一般的ではけっしてない。もし国家の内にあるならば、その対象は国家の部分を成している。その場合には、全体と部分のあいだに別々の存在からなる関係ができているのであって、その一方は全体の一部分で、他方はその部分を差し引いた全体である。しかし、全体から一部を差し引いたものは、けっして全体ではない。そして、この関係が続くかぎり、もはや全体はなく、不平等な二つの部分があるだけである。そこから、一方の意志は、もう一方の意志が別にあるので、もはや一般的ではない、ということになる。

しかし、全人民が全人民に関する法を制定するとき、人民は自分たち自身のことしか考えていない。そこで、そのとき、一つの関係が形成されるにしても、それは、ある見地から見た対象全体と他の見地から見た対象全体との関係であって、全体のなんらの分割も起こってはいない。この場合、制定の対象とされる内容は、制定する意志と同じく一般的なものである。〔一三〕私が法と呼ぶのはこの行為なのである。

私が法の対象はすべて一般的であると言う場合、その意味するところは、法は臣民〔＝被治者〕を団体として、また行為を抽象的なものとして考えるのであって、けっして人間を個人として、行為を特殊なものとして考えるのではない、ということである。このように、法はこれまでなかった特権をもちろん制定しうるが、それは、特定の人を指名して、その人に特権を与えることはできない。法は市民の階級を数多くつくることができ、それぞれの階級に入りうる資格を指定することさえできるが、特定の人がどこへ入るかの許可を、名指しで与えることはできない。法は王政と世襲制を確立することはできても、国王を選ぶことも、王家を指名することもできない。一言で言えば、特殊的な対象にかかわるいっさいの機能は、立法権には属さないのである。

こういう考えの上に立つと、次のことは直ちに明らかであるから、問うに値しないほどである。すなわち、法律は一般意志の行為である以上、法律をつくる権限はだれに属するかを、問うまでもなく、また、君主《プランス》〔=統治者〕も国家の一員である以上、君主は法律の上にあるかどうかを、問うまでもなく、また、何びとも自分自身に対して不正であることがない以上、法は不正でありうるかどうかを、問うまでもなく、また、法律はわれわれの意志を記録したものにすぎない以上、人が自由であってしかも法律に従っているのはどうしてかを、問うまでもない。

さらに、法は意志の普遍性と対象の普遍性とを結びつけている以上、だれであろうと、一人の人間が自分だけの独断で命令したことはけっして法ではない、ということは明らかである。主権者でさえ、特殊的な対象について命じたことは、もはや法ではなくて命令《デクレ》であり、主権の行為ではなくて行政機関の行為なのである。

だから私は、法律によって統治された国家を、その政治形態がなんであろうと、すべて共和国と呼ぶ。なぜなら、その場合においてのみ、公共の利益が支配し、公共の事柄が軽視されないからである。正当な政府はすべて共和的である。(1) 政府とはなんであるかはあとで説明する。

(1) この語によって、私は貴族政または民主政だけを意味しているのではなく、広く一般意志——つまり法——によって導かれるすべての政府を意味している。正当な政府であるためには、政府は主権者と混同されてはならず、主権者の〔意志の〕執行機関でなければならない。そのさいは、君主政でさえ共和的である。このことは次篇において明らかにされるだろう。

法律とは、本来社会的結合《アソシアシオン・シヴィル》の諸条件以外の何ものでもない。法律に従う人民が法律の作成者でなければならない。社会の諸条件を規定する権限は、結合している人々だけに属する。しかし、彼らはどのようにして規定をつくるのだろうか。突然の霊感により全員一致でそうするのだろうか。政治体はその意志を表明する機関を持っているのだろうか。政治体がその法令をつくり、それを公布するために必要な先見の明を、だれが政治体にまえもって与えるのだろうか。あるいはまた、政治体は、その法令を発布するのにふさわしい時点を、どのようにして選ぶのだろうか。先が見えない大衆は、何が自分たちのためになるかをめったに知らないから、何を望んでよいのかがわからないことがよくあるのに、彼らはいったいどうやって、体系的な立法というような、あのように巨大で困難な大事業を自力で遂行しうるのだろうか。人民は、おのずから、いつも幸福《ビアン》を求めてはいるが、何が幸福かを、いつもひとりでにさとるとはかぎらない。一般意志はつねに正しいが、それを導く判断はつねに啓蒙されているわけではない。一般意志に、対象をあるがままの姿で、ときにはあるべき姿で見させることが必要である。一般意志に、それが求めている正しい道を示し、特殊意志の誘惑から守り、所と時に注意を向けさせ、目前の感知しやすい利益の魅力と、遠くにあって隠れている災いの危険とを、秤にかけて示してやることが必要である。個々人は幸福がわかっていても、これを退け、公衆は、幸福を欲していても、それがわからない。両者とも等しく導き手が必要なのである。個々人については、彼らの意志を理性に一致させるよう強制しなければならないし、公衆については、彼らが欲しているものを教えてやらなければならない。こうして、公衆が啓蒙されると、社会体のなかに悟性と意志の一致が生まれ、そこから諸部分の緊密な協力が生じ、ついには全体としての最大の力が発動する。こういうわけで、立法者が必要となってくるのである。

第七章　立法者について

それぞれの国民に適した最良の社会規範を発見するためには、すぐれた知性が必要であろう。その知性は、人間のあらゆる情念をよく知っているのに、そのいずれにも動かされず、われわれの性質とまったく似ていないのに、それを底まで知り尽くし、自分の幸福はわれわれとはかかわりがないのに、しかもわれわれの幸福のために喜んで心をくだき、なお最後に、進みゆく時のかなたに遠く栄光を展望しながら、ある世紀において苦労し、別の世紀においてその成果を享受することのできる、そういう知性でなければならないだろう。(1) 人間に法を与えるためには神々が必要であろう。

(1) 人民は、その立法が衰退し始めたときようやく有名になる。スパルタ人がギリシアの他の地方で問題になるまでに、リュクルゴスの制度のおかげで、スパルタ人がどれほど多くの世紀のあいだ幸福であったかを、人は知らない。

プラトンは、統治に関する著作のなかで、自分の求める政治家または王者を定義するのに、カリグラ帝が事実に関して用いたのと同じ推論(一四)を権利に関して用いた。(一五) しかし、偉大な君主でさえ、世にまれな人間であるというのが本当だとしたら、偉大な立法者とは、いったいどんな人間であろうか。前者は後者が提供する規範に従いさえすればよいのである。立法者は機械を発明する技師であるが、君主はこれを組み立て、運転する職工にすぎない。モンテスキューは言っている、「社会の発生にさいしては、制度をつくるのは国家《レピュブリック》の首長だが、のちには、国家の首長をつくるのは制度である(一六)」と。

一つの人民に制度を与えようとあえて企てるほどの人は、いわば人間性を変えることができるという確信を持っていなければならない。それだけで一つの完全で孤立した全体を成している各個人を、この個人にある意味で生命と存在を与えるいっそう大きな全体の一部に変え、人間の本質を強化するためにこれを変質させ、われわれがすべて自然から受け取った身体的、独立的な存在を、部分的、精神的な存在に置きかえる、そういうことができるという確信を持っていなければならない。一言で言えば、立法者は人間からその固有の力を取り上げ、それに代えて、これまで無縁であった力、他人の援助がなければ使用できない力を与えなければならないのである。自然的な能力が死滅してゆくにつれて、それだけ新たに得た力は大きく、永続的となり、その制度もまた堅固で完全なものとなる。それゆえ、各市民が、他の市民のすべての援助がなければ、単独では何ものでもなく、また何ごともできず、そして、全体によって獲得された力がすべての個人の自然的な力の総和に等しいか、あるいはそれより大きい場合、立法はそれが到達しうる最高の完成度にあると言える。

立法者はあらゆる点で国家のなかの異常な人間である。彼はその天才によって異常でなければならないが、その職務によってもやはりそうなのである。それは行政機関でもなければ主権でもない。共和国をつくるというこの職務は、つくられた国家組織のなかには入っていない。それは特別で卓越した機能であるが、人間を支配することとはなんの共通点もない。なぜなら、もし人々を支配する者が、法を支配してはならないのなら、法を支配する者は、やはり人々を支配してはならないからである。そうでなければ、彼の法は、彼の情念の手先となってしばしば彼の不正を永続させるだけのことになるだろうし、彼の個人的な見解が、彼の作品の神聖さを損なうことを、どうしても免れることができないだろう。

リュクルゴスは、その祖国に法を与えるにあたって、まず王位を捨てた。法の制定を外国人にゆだねるのが、大部分のギリシアの都市の慣習であった。近代イタリアの諸共和国は、しばしばこの慣行を模倣した。ジュネーヴ共和国も同じやり方でうまくいった(1)。ローマは、その最盛期に、国内で専制のあらゆる犯罪が復活し、ほとんど滅びそうになったが、それは同じ人々の手中に立法の権威と主権とを集中したためであった。

(1) カルヴァンをたんなる神学者としか考えない人々は、彼の天分の広さをよく知らないのである。わがジュネーヴの賢明な布告集の編纂において、彼は大きな役割を演じているが、この編纂は彼の『キリスト教綱要』と同程度に彼の誉れとなるものである。時代が移って、われわれの信仰にどんな革命が起ころうとも、祖国と自由[一七]への愛がわれわれのあいだから消えないかぎり、この偉大な人物の記憶は、いつまでも祝福されることであろう。

しかしながら、ローマの十大官[一八]といえども、自分たちの権威だけで法を成立させる権利があると主張するほど僭越ではなかった。彼らは人民に言った、「われわれが諸君に提案するものは、諸君の同意がなくては、法として通用しえない。ローマ人よ、諸君みずからが、諸君の幸福をつくりだす法の作成者となりたまえ」と。

だから、法律を起草する者は、なんらの立法権も持たないし、また持ってはならない。そして、人民自身は、この譲渡できない権利を、たとえ捨てたくても捨てることができない。なぜなら、基本契約によれば、個々人を拘束するのは一般意志だけであり、一個人の意志が一般意志と一致しているかどうかは、その特殊意志を人民の自由な投票に付したあとでなければ、けっして確かめることができないからである。私は、このことをすでに述べた。しかし、それを繰り返すことは無益ではない(一九)。

このように、立法という作業には、両立しえないように思われる二つのものが同時に見いだされる。一つは人力を越えた計画、他はそれを遂行するための、なきに等しい権威。

もう一つ、注目に値する困難がある。賢者たちが、一般大衆に向かって、一般大衆の言葉でではなく自分たちの言葉で語ろうとすれば、彼らの言うことは理解されないだろう。ところが、人民の言葉に翻訳できない観念は山ほどある。あまりにも一般的な見解や、あまりにも遠い対象は、等しく人民の理解の範囲を越える。各個人は、自分の特殊な利益に関係のある統治案でなければ、どんな統治案も好まないのだから、良法によって不断の耐乏を課せられると、そこから得られるはずの利益を容易に認めようとはしない。生まれたばかりの人民に政治の健全な格率を好んで受け入れさせ、国家理性の根本的な規準に従わせることができるためには、結果が原因となりうることが必要であろう。すなわち、本来は制度の所産である社会的精神が、その制度の設立そのものをつかさどること、そして、人々が、法の生まれるまえに、彼らが法によってそうなるはずのものになっていることが必要であろう。こういう次第であるから、立法者は力も理屈も用いることができないので、暴力を用いることなしに誘導し、説き伏せなくても納得させるような、特別の秩序に属する権威に頼らざるをえない。

こういう事情から、あらゆる時代を通じて建国者たちはやむなく天の助けに訴え、彼ら自身の英知を神々のものとしてほめたたえた。それは、人民が自然の法則に従うのと同じように国家の法律に従い、人間の形成にも都市国家のそれにも同じ力の働きを認め、自由な心で服従し、公共の至福という軛《くびき》を素直に身に着けるようにするためである。

この崇高な理性は、一般大衆の理解の範囲を越えた高さにある。立法者は、この理性の決定を神々の口から語らせることにより、人間の思慮分別に訴えることでは動かしえない人々を、神の権威によって誘導するのである(1)。しかし、神々に語らせたり、自分は彼らの代弁者であると告げて、それを信じてもらえるのは、だれにでもできることではない。立法者の偉大な魂こそ、彼の使命を証明するに足る真の奇跡である。どんな人間でも、石板に文字を刻み、神託を買収し、何かの神と秘密の交流があるかのように装い、鳥を仕込んで自分の耳にささやかせ、その他人民を欺く野卑な手段を見つけるくらいのことはできる。この程度のことしか知らない者でも、運がよければ一群の愚か者を集めることができるかもしれない。しかし、こういった人物はけっして国家を建設しないだろうし、彼の常規を逸した事業も、やがて彼とともに滅びるだろう。外観だけの威信は、一時的なきずなしかつくらない。きずなを永続的なものとするのは英知だけである。いまも存続しているユダヤ人の法、十世紀ものあいだ世界の半ばを支配してきたイスマエルの子の法[20]は、これらを制定した人々が偉大であったことを今日もなお告げている。そして、高慢な哲学や盲目な党派心は、これらの人々のなかに幸運な山師しか見ないが、真の政治家は、こうした人々の建てた制度のなかに、永続的な大事業をつかさどっているあの偉大で強力な天才をたたえるのである。

（1）マキァヴェリは言う、「じっさい、いかなる国民においても、異例の法律を制定するにあたって、神の仲立ちに頼らなかった例はかつて存在しなかった。そうでもしなければ、これらは受け入れられなかったであろう。なぜなら、賢者にはそうすればよいことがわかっていても、他の人々にそれを納得させうるだけの理由が見つからないような利益というものが、しばしばあるからである」と（『ティトゥス・リヴィウス論』第一篇第十一章）。

以上述べたことから、ウォーバートン[21]とともに、政治と宗教とは、今日でも共通の目的を持っていると結論すべきではなく、むしろ諸国民の起源において、宗教が政治の道具として役立っている、と結論すべきである。

第八章　人民について

建築家が大建造物を建てるまえに、地所を測り、地質を調べて、土地が重みに耐えられるかどうかを見るように、賢明な立法府は、それ自体としては申し分のない法律を編纂することから始めるのではなく、あらかじめ、彼がそれを与えようとしている人民が、それを支えるのにふさわしいかどうかを吟味する。このために、プラトンは、アルカディア人とキュレネ人に法律を与えることを断わった。彼はこの二つの人民が富んでいて、平等をがまんしえないことを知っていたからである。また、クレタ島において、よい法律とともに悪人どもが見いだされるのもこのためであって、ミノスが規律を与えたとき、すでに人民は悪徳に染まっていたからである。

この地上には、光彩を放ちながら、しかもよい法律には耐えられなかった国民が多数ある。また、よい法律に耐えた国民にしても、それが可能であったのは、その全歴史のなかでの、ごく短い期間にすぎなかった。（大部分の）[二二]人民は、個々の人間と同様に、柔軟であるのは青年期のあいだだけである。年をとるにしたがって矯正しがたくなる。ひとたび慣習が確立し、偏見が根を張ってしまうと、それらを改革しようとするのは危険でむだな企てである。医者の姿を見ただけで震えあがる愚かで臆病な患者のように、人民は、患部を除くためであっても、ふれられることさえがまんできない。

〔もっとも〕ある種の病気が人間の頭を混乱させ、過去の記憶を喪失させるように、国家の存続するあいだには、ときとして激動の時期がやってこないともかぎらない。この時期において、ある種の発作が個人に及ぼすのと同じ作用を、革命が人民に及ぼし、過去への恐怖は過去の忘却と変わり、国家は内乱によって焼かれながらも、いわばその灰のなかからよみがえり、死の腕から脱出して青春の活力を取り戻すことがある。リュクルゴス時代のスパルタ、タルクイニウス家の後のローマはこれであり、今日においては、暴君どもを追放した後のオランダやスイスがこれである。

しかし、こうした出来事はまれである。それは例外であって、その理由は、いつもその例外的な国家の特殊構造のうちに見いだされる。こういうことは、同一人民において二度と起こりえないであろう。というのは、人民が自由をかちとることができるのは、人民が未開状態にあるあいだだけであって、その社会的活力〔＝社会のぜんまいの弾力〕が消耗〔＝低下〕したときには、もはやそういうことはできないからである。そのときには、動乱が人民を滅ぼすことはありえても、革命が人民を再建することはありえないのであって、鉄鎖が断ち切られたとたんに、人民はばらばらになり、もはや存在しなくなる。そうなれば、人民に必要なのは支配者であって、解放者ではない。自由な人民諸君よ、次の格率を覚えておくがよい――人は自由を獲得することはできる。だが、自由は二度とふたたび見つかりはしない。

（青年期は幼年期ではない。）人間の場合のように、国民においても、（青年期、あるいはこう言ってよければ）[二三]成熟期があり、国民を法律に従わせるには、この時期を待たなければならない。しかし、人民の成熟を見分けるのはかならずしも容易ではない。そして、もしその時期より先に着手すると、事業は失敗する。ある人民は生まれながら規律を受け入れるが、ある人民は十世紀を経なければそうならない。ロシア人は真に開化されることはけっしてないだろう。彼らの開化が早過ぎたからである。ピョートル大帝は模倣の天分を持っていたが、真の天才ではなかった。[二四]創造する天分、無からすべてをつくり出す天分を持ってはいなかった。彼が成し遂げたもののうち、いくつかはすぐれていたが、大部分は状況にふさわしくなかった。彼にはロシアの人民が未開であることはわかっていたが、人民が政治組織《ポリス》の成員となりうるほどには成熟していないことがわかっていなかった。人民を労苦に慣らすことだけが必要であったときに、彼は人民を開化しようとしたのである。まずロシア人をつくることから始めなければならなかったときに、彼はいきなりドイツ人やイギリス人をつくろうとした。彼は、自分の臣民がまだそうなっていないものに、すでにそうなっているのだと、彼らに思いこませることによって、彼らがなりうるものになることを永久に妨げてしまった。これと同じやり方で、フランスの教師は生徒を教育する結果、生徒は幼年期には一瞬光彩を放つが、あとはなんのとりえもなしに終わってしまう。ロシア帝国は、ヨーロッパを征服しようとするだろうが、かえって自分が征服されるだろう。ロシアの属国あるいは隣国であるタタール人が、ロシアの主人となり、われわれの主人ともなるであろう。この革命は私には必至と見える。ヨーロッパの全国王が、この革命の促進に協力している。

第九章　人民について（続き）

人間の身長には、自然が定めた均整の限度というものがあって、それを越えると、もはや巨人か小人でしかなくなる。国家の最良の構造〔＝骨格〕に関しても、これと同様であり、国家が持ちうる面積には限度があって、大き過ぎては統治がゆきわたらず、小さ過ぎては独力で維持できない、ということになる。いかなる政治体においても、越えることのできない最大限があるが、国家の領土が拡大し過ぎて、この最大限から遠ざかってしまうことがよくある。社会のきずなは、長くなってゆくと、それだけゆるむ。だから、一般に小国家は大国家にくらべると強い。

この格率を証明する理由は無数にある。第一に、挺子《てこ》の長さが長いほど、先端に置かれた重量の手ごたえが増してゆくように、行政は、距離が大きくなるほど、それだけ困難になる。また、行政は、その段階の数が増すにつれて高くつくようになる。というのは、まず各都市が自分の行政を持ち、人民がその費用を払い、各地区も自分の行政を持ち、やはり人民にその費用を支払わせる、といった次第だからである。ついで、各州、さらには太守領とか総督領などの大行政区があり、上へゆくにしたがって、必要な費用はそのたびごとに高額となるが、それがまた、つねに不幸な人民の負担を増すことになる。そして最後に、最高行政府がやってきて、何もかも重税で押しつぶしてしまう。これほど多種類の重税が、次から次へと臣民を荒らしているのだ。彼らは、このさまざまな〔行政の〕段階によって、よりよく統治されるどころか、彼らの上にただ一つの段階しかない場合よりも、かえって悪い統治を受けている。しかも、非常事態に備える資力は、ほとんど残されていない。そこで、その資力に頼らざるをえなくなったときには、いつも国家は破滅に瀕しているのである。

これですべてではない。政府のほうで、法律を守らせたり、迫害を禁じたり、悪弊をただしたり、遠隔の地で起こりがちな反乱の企てを予防したりするための、力強さと敏速さが劣るばかりではなく、人民のほうでも、見たこともない自分の首長に対しては、彼らの眼には広過ぎて世界にも等しい祖国に対しては、大部分が彼らにとってなじみのない同胞に対しては、抱く愛も乏しくなる。異なった習俗を持ち、相反する風土のなかで生活し、同一の統治形態ではがまんできない多くの異なった州にとって、同じ法律がぴったり適合するはずはない。〔だからといって〕それぞれに違った法律を設けると、同じ首長のもとで、たえず連絡しながら生活し、相互に往来あるいは通婚している諸民族のあいだに、紛争と混乱をひき起こすだけである。こうして、民族別の慣習が復活すると、自分たちの家産がたしかに自分たちのものである〔として一般に通用する〕かどうかが、彼らにもまったくわからない状態になってしまう。最高行政府の所在地ということで、同じ場所に集められた互いに見知らぬ人々からなる群衆のなかでは、才能は埋もれ、美徳は知られず、悪徳は罰せられない。首長たちは雑事に忙殺されており、自分自身の眼では何も見ない。国家を統治するのは小役人たちである。最後に、遠隔地の多くの官吏たちは、中央の権力から逃れようとするか、あるいはそれを欺こうとするので、中央権力を維持するために必要な処置に追われ、公共への配慮をなおざりにしてしまう。人民の幸福のための処置をとる余地はもはや残されておらず、首長たち自身の防衛の必要が生じたさい、そのための処置をとる余地がかろうじて残されているにすぎない。このように、国家の骨格〔＝構造〕に比して余りに大き過ぎる〔政治〕体《コール》は、自分自身の重みで弱り、それに押しつぶされて滅びるのである。

また一方、国家が強固であろうとするなら、すなわち、免れることのできない振動と、〔その外力に抗して〕みずからを支えるためにどうしても起こってくる内力の作動とに耐えようとするなら、国家はある広がりの基盤を持っていなければならない。なぜなら、すべての人民は、デカルトの渦巻のように一種の遠心力を持ち、それによってたえず互いに作用し合い、隣の人民を犠牲にして大きくなろうとする傾向を持つからである。だから、弱者はたちまち併呑されるおそれがある。

したがって、どんな人民も、他のすべての人民と一種の均衡状態に入るのでなければ、すなわち、それによって相互の圧力がどこでもほぼ等しくなるようでなければ、自己を保存することはほとんどできない。

以上で述べたところから、拡大するのも縮小するのも、それぞれ理由があることがわかる。両者のあいだのどの辺に、国家の保存にとってもっとも有利な比率があるかを見いだすのが、政治家としてのなみなみならぬ手腕なのである。一般論としては、拡大の理由は対外的で相対的なものにすぎないから、それは対内的で絶対的な縮小の理由に従わなければならない、と言ってよい。健全で強固な構造〔＝体質〕こそ、第一に求めなければならないものである。そして、大きな領土がもたらす資源よりも、よい統治から生まれる活力に頼らなければならない。

それにもかかわらず、征服の必要が国家構造そのもののなかに入りこんでおり、みずからを支えるためにはたえず膨張するほかはないような国々もあった。おそらく、これらの国家はこの結構な必要をみずから大いに祝福していたであろうが、この必要は、膨張〔＝繁栄〕の限界をともなっているので、没落の避けられない時期を彼らに示してもいたのである。

第十章　人民について（続き）

政治体は、二つの方法で測ることができる。すなわち、領土の広さによる測定と、人民の数による測定とである。そして、この二つの量の相互間に適当な比がある場合、国家に真の意味での繁栄がもたらされる。国家をつくっているのは人間であり、人間を養っているのは土地である。そこで、この適当な比とは、土地がその住民を維持するのに十分であり、また土地が養うことができるだけの数の住民がいる、ということなのである。この釣り合いのなかに、一定数の人民が持つ最大の力が見いだされる。なぜなら、土地が余ると、それを守るのに費用がかさみ、耕作はゆき届かず、作物は余ってしまう。これが自衛戦争の近因である。土地が十分にないと、国家は足りない物を補おうとして隣国の意のままになってしまう。これが侵略戦争の近因である。置かれている位置のために、貿易か戦争かのどちらかしか選べない人民は、すべて本質的に弱い。このような人民は隣国に依存し、外部の出来事に依存する。彼らは、不安定で一時的な生活を営むほかはない。彼らは、征服によって境遇を変えるか、あるいは征服されて無となるか、そのどちらかである。彼らが自由を保ちうるためには、小さくなるか、または大きくなるかしかない。

土地の広さと人間の数とが適合し合う関係の比は一定であるが、これを数字で示すことはできない。それは、土地に関してはその地質、肥沃の程度、産物の性質、風土の影響においてさまざまだからであり、また同様に、土地に住む人間に関しても、その気質において、あるものは肥えた国土にいてもわずかを消費するにすぎず、あるものはやせた国土で多く消費する、といったように相異なっているからである。さらに考慮に入れなければならないことは、女性の出産力の大小、その国土が人口増加に対して持つ有利な、または不利な条件、立法者の設けた制度が人口増加に貢献しうる程度である。だから、立法者は、いま見ているものにではなく、予見するものに判断の基礎を置かなければならず、また、人口の現在の状態よりも、人口が自然に達しうる状態に注意を向けなければならない。最後に、場所の特別の事情が、必要と思われるよりも以上の土地の面積を要求し、あるいは許容する場合が無数にある。たとえば、山国では、人口はごくまばらに拡散していてもよい。そこでは、自然の産物、すなわち、森林、牧場にはあまり手がかからず、経験の教えるところによれば、女性は平地におけるよりも多産であり、また、傾斜した土地――作物の生産に関してはそこだけを当てにしなければならない――はわずかしか含まれていない。これに反して、海辺では、ほとんど不毛な岩や砂のなかでさえ、人口は密集することができる。なぜなら、そこでは魚獲類が土地の生産物をおおかた補うことができるし、また、海賊を撃退するために、人々はいっそう集合していなければならず、そのうえ、人口〔過剰〕の悩みを植民によって解決することが、いっそう容易だからである。

人民に〔国家〕制度を与えるためには、これらの条件の上に、もう一つの条件をつけ加えなければばならない。これは、他のいかなる条件にも代わることはできず、そして、これがなければ、他の条件はすべて無効となるような性質のものである。この条件とは、人々が〔その時点において〕豊かさと平和を楽しんでいることである。なぜなら、国家が組織される時期は、大隊が編成される時期と同じように、その母体の抵抗力《コール》がもっとも弱く、それがもっとも破壊されやすい瞬間だからである。この抵抗力は、まったく無秩序の場合のほうが、各人が自分の地位に心を奪われ、〔全体の〕危険に気を配らない〔秩序〕形成期よりも、まだしも強いだろう。戦争、飢饉、反乱がこの危機の時期に突発すれば、国家はかならず覆される。

こうした嵐のなかでは政府は樹立されない、と言っているのではない。政府はできるが、国家を破壊するのは、これらの政府そのものなのである。簒奪者は、いつもこういう騒乱期を招きよせるか、またはこの機を選び、人民が冷静ならばけっして採用するはずのない破壊的な法律を、公衆の恐慌に乗じて通過させるのである。建国の時期をいつにするかという選択は、立法者の事業と暴君のそれとを区別するためのもっとも確実な特徴の一つである。

では、いったいどんな人民が立法に適しているのか。それは、起源、利害、あるいは約束のなんらかの一致によって、すでに結ばれてはいるが、まだ法の真の軛《くびき》をつけたことのない人民、根強い慣習も迷信も持たない人民、突然の侵入を受けても押し倒されるおそれがなく、また、隣国間の抗争には立ち入らないが、そのどれに対しても抵抗するだけの、あるいは、一方と助け合って他方を撃退するだけの力を持つ人民、各構成員一人一人の事情が全員に了解でき、一人の人にはにないきれないほどの大きい重荷を、その人だけに負わす必要のない人民、他のいくつかの人民に頼らないでやってゆくことができ、他のいかなる人民にも当てにされないですますことができる人民、[1]富裕でも貧困でもなく、自給自足できる人民、最後に、年を経た人民のかたくなさと、新興の人民の馴らしやすさとをあわせ持つ人民こそ、それである。立法という事業が苦心を要する点は、何を建設すべきかということよりも、むしろ何を破壊しなければならないか、ということにある。そして、その成功がきわめてまれなのは、自然の素朴さを生かして社会の必要に結びつける可能性が見つからないからである。じっさい、上に述べたすべての条件が集まるのは容易なことではない。だから、うまく構成された国家はほとんど見あたらない。

（1）もし、二つの隣り合う人民のうち、一方が他方なしでやってゆくことができないなら、それは前者にとってきわめてつらい状況であるとともに、後者にとってはきわめて危険な状況であろう。賢明な国民ならば、すべてこのような場合には、他国をこうした状況からすみやかに解放しようと努めるだろう。メキシコ帝国のなかに囲いこまれていたトラスカラ共和国は、塩をメキシコ人から買うよりも、いや、無償でもらうことができても、むしろ塩なしですますほうを好んだ。賢明なトラスカラ人は、この恩恵の裏に隠されている罠を見抜いたのである。彼らはみずからの自由を保持した。こうして、この大帝国のなかに閉じこめられていた小国は、ついにはこの大帝国滅亡の一因となったのである。

ヨーロッパには、立法が可能な国がまだ一つある。それはコルシカ島である。この誠実な人民が、みずからの自由を取り戻し、そして守りえた勇気と堅実さは、賢人のだれかが、この人民にその自由をどうして保持してゆくかを、教えてやるだけの値打ちが十分にあるだろう。私はなんとなく、いつかこの小さな島がヨーロッパを驚嘆させるだろうという予感がしている。[二五]

第十一章　立法のさまざまな体系について

あらゆる体系的立法の目的であるべき、すべての人々の最大の福祉とは、正確には何から成り立っているかを探求してゆくと、われわれはそれが二つの主要な目標、すなわち自由と平等とに帰着することがわかるだろう。なぜ自由なのか。特殊なもの〔＝個人または徒党〕への依存はどのようなものであれ、すべて国家という〔政治〕体から、それだけ力を奪うことになるから。なぜ平等なのか。それがなければ自由は存続しえないから。

社会的自由とは何かについてはすでに述べた。[二六] 平等について見れば、この語を、権力と富の程度の絶対的な同一性の意味に解してはならないのであって、次のように理解しなければならない。すなわち、権力に関しては、それがどんなに強くても、暴力にまではいたらず、地位と法律によるのでなければけっして行使されてはならない、ということ。次に、富に関しては、いかなる市民も他の市民を買えるほど富裕ではなく、また、いかなる市民も身売りを余儀なくされるほど貧困であってはならない[二七]、ということ。そのためには、上層の側では財産と勢力を、下層の側では貪欲と羨望を、それぞれ抑制することが前提となる[1]。

（1）　したがって、国家に堅実さを与えようと望むならば、両極端をできるだけ接近させるがよい。百万長者と乞食のどちらをも容認してはならない。この二つの身分は、本来不可分なものであって、等しく共同の福祉にとって有害である。一方からは圧制の煽動者が、他方からは暴君が出てくる。公共の自由の取引が行なわれるのはつねに彼らのあいだにおいてである。一方はこれを買い、他方はこれを売る。

このような平等は、頭のなかだけでの空想であって、じっさいには存在しえない、と人々は言う。しかし、〔権力と富の〕乱用が避けられないからといって、それを規制することまで不必要だということになるだろうか。事物の力はつねに平等を破壊する傾向があるからこそ、立法の力はつねに平等を維持する方向に向かわなければならないのである。

しかし、これら〔＝自由と平等〕はすべてのよい制度の一般的な目標であるとしても、この二つは、おのおのの国において、局地的な状態と住民の気質から生ずる諸関係により、修正を受けなければならない。そして、まさにこの諸関係にもとづいて、各人民に対し、それぞれに特殊な制度の体系を定めてゆかなければならないのであって、この体系はその人民にとっておそらく最良ではないとしても、その運用をゆだねられている国家にとっては最良であるような体系なのである。たとえば、土壌がやせていて不毛であるとか、あるいは、国が住民たちにとって狭過ぎるとしたら？それなら、工業や工芸の方面に主力を向けて、それらの製品を、足りない食料品と交換すればよい。逆に、豊かな平野と肥えた丘陵とを占めているとしたら？よい土地に住民が不足しているとしたら？それなら、農業にあらゆる配慮を傾ければよい。それは人口を増加させる。そして、工芸を追放すればよい。それは、領土内のいくつかの地点に、わずかしかない住民を集中させ、その国の人口を減少させる結果しかもたらさないであろうから(1)。長くて便利な海岸線を占めているとしたら？それなら、海を船でおおい、貿易と航海を伸ばせばよい。諸君は短命ではあっても、華やかな生涯を送るだろう。ほとんど船の近づけないような岩ばかりの海岸を海が洗っているとしたら？それなら、未開のままで、魚を食って暮らすがよい。諸君は他の人民よりも穏やかで、おそらくもっとよい、そしてたしかにいっそう幸せな生活を送るだろう。一言で言えば、それぞれの人民は、あらゆる人民に共通する格率のほかに、これらの格率を特殊な仕方で調整し、それぞれに適合した固有の立法にしてしまうなんらかの原因を、各自のなかに持っているのである。こういうわけで、かつてはヘブライ人、近くはアラビア人は、宗教を主要な目標とし、アテナイ人は文学を、カルタゴとティルスは商業を、ロードスは航海を、スパルタは戦争を、それぞれ主要な目標としたのである。『法の精神』の著者は、多くの実例を挙げながら、[二八]立法者はどのような技術により、異なったそれぞれの目標に向けて制度を適合させてゆくかを示した。

（1）ダルジャンソン侯は言う、「海外貿易のある部門は、王国全般にとっては見かけだけの利益しか与えない。それは、幾人かの個人を富裕にし、さらにはいくつかの都市を富裕にすることさえできるが、国民全体はそれによってなんら得るところはなく、人民はそれによってよくなりはしない」[二九]と。

国家の構造が真に堅固で永続的なものとなるのは、自然の諸関係と法律とが、つねに協調して同じ問題に取り組み、また、後者は前者をいわば保証し、これに同伴し、これを修正するだけである、といった程度にいたるまで、〔自然への〕適合が尊重されている場合である。ところが、もし立法者がその目標を誤って、事物の本性から生ずる原理とは異なった原理を採用するならば、すなわち、自然の原理が自由に向かっているのに、立法者の原理は隷属に向かい、前者が人口問題に向かっているのに、後者は富の増大に向かい、前者が征服に向かっているのに、後者は平和に向かっているとすれば、法はいつとはなしに力を失い、国家の構造は弱体となるだろう。また、国家はたえず動乱に苦しみ、ついには崩壊するか、あるいは変質するだろう。そして、敗北を知らない自然がふたたびその支配を回復するだろう。

第十二章　法の分類

全体に秩序を与えるためには、あるいは公共の事柄に最良の形式を与えるためには、さまざまな関係を考慮しなければならない。第一には、政治体全体が、自分自身に働きかける行為、すなわち全体の全体に対する関係、または主権者の国家に対する関係がある。そして、この関係は、あとに述べるように(三〇)、その中間〔＝媒介〕諸項の関係(三一)から成り立っている。

この関係を規制する諸法は国家法《ロワ・ポリチック》と名づけられ、また基本法《ロワ・フォンダマンタール》とも呼ばれるが、これらの法が思慮深くつくられているなら、そう呼ばれてもよい多少の理由はある。なぜなら、もし、各国家において、それに秩序を与える良法が一つしかないとすれば、これを見つけだした人民は、それを固守しなければならないからである。しかしながら、既成の秩序が悪い場合、それがよくなることを妨げる法を基本法とみなす理由があるだろうか。しかもまた、いかなる場合でも、人民は、自分の法を、それが最良の法であっても、いつでも自由に変えることができるのである。なぜなら、たとえ人民が好きこのんで自分自身に害を加えるとしても、いったいだれがこれを妨げる権利を持っているだろう。

第二の関係は、構成員相互の関係、または構成員と政治体全体との関係である。そして、この関係は、前者についてはなるべく制限し、後者についてはできるだけ強化しなければならない。それによって、各市民が他のすべての市民から完全に独立し、都市《シテ》〔国家〕に対しては極度に依存するようにしなければならない。以上〔の二つ〕は、つねに同じ手段によって達成される。なぜなら、その構成員に自由をもたらすのは、国家の力だけだからである。この第二の関係から、市民法《ロワ・シヴィル》（三二）が生まれる。

第三の種類として、人と法との関係が考えられる。すなわち、不服従と刑罰との関係である。そして、この関係が刑法の制定をもたらすのであるが、刑法はじつは、特別の種類の法というよりも、むしろあらゆる法にかかわる掟《おきて》なのである。

これら三種類のほかに、第四の法、すべての法のなかでもっとも重要な法が加わる。この法は、大理石柱にも青銅板にも刻まれていないが、市民の心に刻まれている。これこそ国家の真の骨組みを成すものであって、日々新たな力をかち得るもの、他の法が老い、または滅びてゆくときに、これらに生気を吹きこみ、またはこれらの代わりを務めるものであって、人民のなかにその建国の精神を保たせ、いつのまにか、権威の力を習慣の力に置きかえるものである。私が述べているのは、習俗、慣習、とりわけ世論のことである。法のこの部分は現代の政治学者たちに知られていないが、他のすべての法の成否はこの部門にかかっている。偉大な立法者は、個々の規定のことしか考えていないように見えるときにも、ひそかにこの部門に心を配っている。個々の規定は、円天井のアーチの部分にすぎず、習俗は、その生成がはるかに緩慢ではあるけれども、けっきょくは円天井のゆるぎない要石となるのである。

これらさまざまの部類の法のうち、政府の形態を定める国家法のみが、私の主題にかかわってくる。

第二篇終わり

第三篇

さまざまな政府の形態について述べるまえに、まだ十分説明されなかったこの政府という語の正確な意味を確定することに努めよう。

第一章　政府一般について

読者に断わっておくが、この章は落ち着いて読んでいただきたい。注意を払おうとしない読者にわからせるすべを、私は知らないからである。

あらゆる自由な行為は、二つの原因が協力し合うことによって生みだされる。その一つは精神的原因、すなわち行動を決定する意志であり、もう一つは物理的原因、すなわちその行動を実現する力である。私がある目標に向かって歩いてゆく場合、第一に、私がそこへゆこうと欲しなければならないし、第二に、私の足が私をそこへ運んでくれなければならない。中風患者が走ろうとしたところで、また、足の速い人でも走ろうとしなければ、どちらももとの場所にとどまっているだろう。政治体にも、これと同じ原動力がある。そこにも同じ力と意志の区別があって、後者は立法権と呼ばれ、前者は執行権と呼ばれる。この両者が協力しなければ、何もできないし、また、してはならない。

すでに述べたように、立法権は人民に属し、人民以外の何ものにも属しえない。これに反して、先に明らかにした諸原理によって（一）、執行権は、立法者あるいは主権者としての一般者には属しえないことは容易にわかる。なぜなら、この権力は特殊的な行為からのみなるものだからである。特殊的な行為は法の規定する範囲内にはなく、したがってまた、あらゆる行為が法以外のものになりえない主権者の権原の範囲外にある。

それゆえ、公共の力にとっては、この力を結集し、一般意志の導きのもとにこれを行使し、国家と主権者とのあいだの連絡を営む適当な機関が必要であって、この機関は個人のなかで魂と肉体とを結びつける役割を、いわば公的人格のなかで果たすものなのである（二）。ここに、国家において政府が存在する理由がある。政府は不当にも主権者と混同されているが、じつはその代行機関にすぎない。

それでは、政府とはなんであるか。それは、臣民と主権者とのあいだに、相互の連絡のために設けられ、法の執行と社会的および政治的自由の維持とを任務とする中間団体である。

この団体の構成員は、行政官《マジストラ》または国王、すなわち支配者と呼ばれ、またこの団体全体は統治者

（Prince）という名称を持つ(1)。だから、人民が首長に服従する行為は、けっして契約ではない、という人たちの主張は、まことに理にかなっている。この〔服従〕行為は厳密に言えば委任もしくは雇用にすぎないのであって、首長は主権者のたんなる役人として、主権者から委託された権力を、主権者の名において行使しているのであり、主権者は、この権力を思いのままに制限し、変更し、取り戻すことができる。というのは、このような権利の譲渡は、社会体の本性と両立せず、結社の目的に反するからである。

（1）こういうわけで、ヴェネツィアでは、統領《ドージュ》が列席していないときでも、その元老院に、「統治者殿下」という名称を与えている。

だから、私は、執行権の合法的行使を統治（Gouvernement）または最高行政と呼び、この行政を委託された個人または団体を統治者または行政官と呼ぶ。

政府のなかには、さまざまな中間的な力があり、その諸関係が、全体と全体との関係、すなわち主権者と国家との関係を形づくっている。この後者の関係は、連比の両外項の関係としてあらわすことができ、その比例中項が政府である。政府は主権者から命令を受け取り、それを人民に与える。そこで、国家を均衡のとれた状態に置くためには、他の諸力がすべて相殺され合うと仮定した場合、政府そのものの平方または二乗と、一面では主権者であり、他面では臣民である市民の平方または二乗とが、等しい状態に置かれなければならない(三)。

そのうえ、この三項のどれか一つを変えれば、たちまち比例が壊れてしまうだろう。もし、主権者が統治をしようとしたり、または行政官が法を与えようとしたり、あるいは臣民が服従を拒んだりすれば、無秩序が秩序にとって代わり、力と意志とがもはや協力して働かなくなる。こうして、国家は崩壊し、専制政治か無政府状態に陥るのである。最後に、どの比例にもただ一つの比例中項しかないのだから、よい政府もまた、一国家に一つしかない。しかし、無数の事件によって、一国内の力関係が変わりうるから、さまざまな人民にとって、異なった政府が適当でありうるだけでなく、同じ人民にとっても時代が違えば、異なった政府が適当でありうる。

この二つの比例外項のあいだに広がりうるさまざまな関係を理解してもらうために、もっとも説明しやすい関係として、人民の数を例にとろう。

国家が、一万人の市民から成り立っていると仮定しよう。主権者が、集合的にまた団体としてしか考えられないのに対し、各人は、臣民という資格においては一個人とみなされる。だから、主権者と臣民の比は、一万対一である。言いかえれば、国家の各構成員は、主権に全面的に服従しているにもかかわらず、主権の一万分の一を自分の分け前として持つにとどまる。人民が十万人からなる場合でも、臣民としての地位に変わりはなく、各人は等しく法の全面的な支配を受ける。ところが一方、彼の投票〔の効力〕は、十万分の一に減少し、法の制定に及ぼす影響力は以前の十分の一となる。そこで、臣民としてはいつも一単位なのであるから、〔彼に対する〕主権者の比は市民の数に比例して大きくなる。したがって、国家が大きくなればなるほど、自由はますます減少することになる。

比が増大する、と私が言ったのは、比が一対一から遠ざかるという意味である。このように、幾何学者の言う比《ラポール》が大きくなればなるほど、一般に通用している意味での関係《ラポール》はますます薄くなるわけである。前者においては比《ラポール》は量によって考えられ、指数によって計られるが、後者では、関係《ラポール》は同一性によって考えられ、類似性によって評価される。(四)

ところで、特殊意志の一般意志に対する関係、すなわち習俗の法に対する関係が希薄になればなるほど、それだけ抑制力は増大しなければならない。だから、よい政治であるためには、人民の数が大きくなればなるほど、それに比例してみずからも強力とならなければならない。

他面、国家が大きくなると、公権の受託者たちは、権力を乱用したい誘惑にいっそう陥りやすく、またそうする手段にもいっそうこと欠かなくなるから、〔国家の拡大につれて〕政府が人民を抑制する力をより多く持たざるをえなくなればなるほど、主権者の側でも、政府を抑制する力をいっそう多く持たなければならない。私がここで言っているのは、絶対的な力のことではなく、国家のさまざまな部分の相対的な力のことである。

この二重の関係から、主権者、統治者、人民のあいだにある連比は、けっして勝手な思いつきではなくて、政治体の本性から生ずる必然的な帰結だという結論が出てくる。さらにまた、両外項の題一つ、すなわち臣民としての人民は不変であり、また一単位としてあらわされるから、複比が増減するたびごとに単比も同じように増減し、したがって比例中項が変化することにもなる。(五)これによって明らかとなるのは、唯一絶対の政府の構造などというものはなくて、国家の大きさ〔＝主権者―市民の数〕が異なれば、それだけ違った性質の政府がありうる、ということである。

この理論をあざわらい、その比例中項なるものを見いだして政府という団体を形成するには、君によれば、人民の数の平方根を出しさえすればよいわけだね、などと言う人があったとすれば、私は次のように答えるだろう。私はここで人民の数をほんの一例として挙げたにすぎない。私の言うもろもろの比は、人間の数だけで計られるのではなくて、一般には、無数の原因によって組み合わされている作用の分量によって計られる。それに、なるべく簡単に説明するために、私は幾何学の用語を一時的に借りたが、だからといって、幾何学的精密さが、精神的な量においては当てはまらないことを知らないわけではない。

政府は、それを含む大きな政治体の縮図である。それは、いくつかの特定の能力を授けられた精神的人格であり、主権者のように能動的でもあれば、国家のように受動的でもあって、これをさらに、同じようないくつかの比に分解することができる。その結果、そこから一つの新しい比例が生まれ、その比例のなかに役所《トリビユナル》の順位に従って、さらに他の比例が生まれる。こうしてついには、分割できない一つの比例中項、すなわちただ一人の首長あるいは最高行政官に達するが、彼は、この縮小してゆく模様の中心に位置し、分数級数と整数級数とのあいだの〔比例中項の〕単位としてあらわすことができる。(六)

こうしてむやみに項をふやしてゆくのはやめにし、われわれは、政府を国家内の一つの新しい団体、人民とも主権者とも異なった、両者の中間にある団体と考えることで満足しよう。

〔国家と政府という〕この二つの団体のあいだには次のような本質的相違がある。すなわち、国家はそれ自体で存在するが、政府は主権者によってのみ存在する。だから、統治者の支配的意志は一般意志あるいは法にほかならず、またそれ以外のものであってはならない。統治者の力は、統治者に集中された公共の力にすぎない。統治者が、勝手になんらかの独裁的、独走的な行為をしようとするやいなや、全体の紐帯はゆるみ始める。最後に、統治者が、主権者の意志よりもさらに能動的な特殊意志を持つにいたり、また、この特殊意志に従うために、自分の手中にゆだねられた公共の力を使用し、その結果、いわば法律上と事実上の二つの主権者が現われるにいたっては、たちまち社会的結合は消滅し、政治体は解体するだろう。

しかし一方では、政府という団体が、国家という団体とは異なった存在として現実の生命を持つためには、また、政府の構成員すべてが一致して働き、その設立の目的を果たしうるためには、特殊な自我、その構成員に共通の感受性、自己保存に向かう力と独自の意志が必要である。政府が特殊な存在として成り立つためには、会議や評議会、討議し決定する権限、さまざまな権利、称号、特権といったものがなくてはならず、そして、これらはもっぱら統治者だけに属し、また行政官の地位を、その苦労の程度に従って、いっそう名誉あるものとするのである。このように政府は従属的ではあっても全体なのだから、これを国家という全体のなかにうまく位置づけることは難しい。それは、政府が自己の構造を強めながらも全体の構造をいささかも損なわないようにすること、また、政府が自分だけの保存のために用意する特殊な力と、国家の保存のために用意する公共の力とをつねに区別すること、一言で言えば、政府が、人民のためにつねにみずからを犠牲にし、人民を政府の犠牲にしないよう心がけること、以上を実現する困難である。

政府という人為的団体は、もう一つの人為的団体〔＝国家〕の所産であって、いわば借りものの、従属的な生命しか持たないとはいえ、また一方では、どの政府も、程度の差はあれ、力強く、または敏活に行動すること、また、程度の差はあれ、いわば健康を楽しむことは、十分に可能である。最後に、政府はその設立の目的から完全に逸脱することはできないにしても、構造のあり方によっては、多少はその目的から離れることができる。

これらすべての差異から、政府が国家という団体に対して持つ多様な関係が生まれてくるが、これらの関係は、当の国家を変化させる偶然的で特殊な諸関係にもとづいて定められなければならない。なぜなら、それ自体としては最良の政府でも、それが属する政治体の欠陥に応じてその諸関係を変更しなければ、しばしば最悪の政府となるであろうから。

第二章　政府のさまざまな形態を構成する原理について

これらのさまざまな差異が生ずる一般的原因を説明するためには、先に私が国家と主権者とを区別したのと同じように、ここで統治者《プランス》と政府とを区別しておかなければならない。行政官《マジストラ》の団体は、構成員の数が多いこともあり、少ないこともありうる。すでに述べたように、主権者の臣民に対する比は、人民の数が多くなればなるほど大きくなる。そこで明白な類推によって、政府の行政官(七)に対する関係についても同じことが言える。

さて、政府の総力はつねに国家の総力であるから、けっして変わることはない。そこで、政府がこの力を自分自身の構成員のために用いることが多ければ多いほど、人民全体に働きかけるための余力は少なくなってゆく、ということになる。

だから、行政官の数が多ければ多いほど、それだけ政府は弱くなる。この格率は基本的なものだから、もっとわかりやすくするように努めよう。

われわれは、行政官の人格のなかに、本質的に異なった三つの意志を区別することができる。第一は、個人の単独意志であって、これは自己の特殊な利益のみに向かう。第二は、行政官たちの共同意志であって、これはもっぱら統治者の利益のみにかかわりを持ち、団体意志とも呼びうるものである。それは、政府に関しては一般的であるが、政府を部分とする国家に関しては特殊的である。第三には、人民の意志、または主権者の意志であって、それは、全体として考えられた国家に関しても、全体の部分として考えられた政府に関しても、同様に一般的である。

完璧な立法のもとでは、特殊的または個人的意志は皆無のはずであり、また政府に固有の団体意志はきわめて従属的なはずであるから、一般意志もしくは主権者の意志がつねに支配的となり、他のすべての意志の唯一の規準となるはずである。

これに反して、自然の秩序に従うなら、これら各種の意志は、集中の度合が進むほど(八)、それだけ活動的となる。それゆえ、一般意志はつねにもっとも弱く、団体意志は第二位となり、特殊意志がすべてのなかで第一位を占める。したがって、政府のなかの各構成員は、第一に自分自身であり、ついで行政官であって、その次に市民であることになる。この順位は、社会秩序が要求する順位とまるで逆である。

政府全体が、ただ一人の人間の手中にあると仮定しよう。この場合には、特殊意志と団体意志とは完全に結びついており、したがって、団体意志は到達しうる最高度の強さを持つことになる。ところで、力の行使は意志の強さに依存し、また政府の力の絶対量はけっして変化しないのだから、さまざまな政府のうちでもっとも活動的な政府は、ただ一人の政府だということになる。

　これに反して、政府に立法権を与え、主権者を統治者にし、市民たちをすべて行政官にしてみよう。この場合、団体意志は一般意志といっしょになるので、一般意志と同じくらいしか活動力を持たなくなり、特殊意志にほしいままにその全力を振るわせることになるだろう。こうして政府は、相変わらず同一の絶対的な力を持ちながら、その相対的な力または活動力は最小限にとどまるだろう。

　これらの関係は、反論の余地のないものであるが、別の考察もまた、これらの関係を確認するために役立つ。たとえば、各行政官が自己の属する〔政府という〕団体において行なう活動は、各市民が自己の属する団体[九]において行なう活動よりもいっそう積極的であり、したがって、特殊意志は、主権者の行為のなかでよりも政府の行為のなかでのほうが、はるかに大きな影響力を持つことは明らかである。なぜなら、各行政官は、ほとんどつねに政府のなんらかの〔特殊な〕機能を委託されているのに対し、各市民は、主権のいかなる〔特殊な〕機能にも個々人として参加してはいないからである。さて、国家が広がれば広がるほど、国家の現実の力は、その広がりに比例するとまではゆかなくても、ますます増大する。しかし、国家が同じ大きさにとどまっていれば、たとえ行政官の数がいくらふえても、そのために政府が現実の力をさらに加える、ということにはならない。なぜなら、政府の力は国家の力であり、国家の力の量はつねに一定不変だからである。このように、政府の絶対的な力、または現実の力は増加しえないのであるから、政府の相対的な力、または活動力は減少するばかりである。

さらにまた、政務の処理は、それを委託される人々の数が多くなるにつれて緩慢になるということ、あまりに慎重を期すると、幸運をとらえそこない、機会を逸してしまうということ、そして、議論にふけり過ぎると、しばしば討論が実を結ばないということも確かである。

以上で私は、行政官の数が多くなるにつれて政府が弱くなることを証明した。また、そのまえに私は、人民の数が多くなれば多くなるほど、人民に対する抑制力はそれだけ増大しなければならないことを証明した。そこから、行政官の政府に対する比は、臣民の主権者に対する比と逆でなければならない（一〇）、ということになる。すなわち、国家が大きくなればなるほど、政府はそれだけ縮小され、人民の数の増加に比例して、首長たちの数が減少してゆかなければならない。

なお、私がここで語っているのは、もっぱら政府の相対的な力についてであって、その公正さについてではない。なぜなら、これまでとは逆に、行政官の数が増せば増すほど、団体意志はますます一般意志に近づくのに対し、ただ一人の行政官のもとでは、この同じ団体意志は、すでに述べたように、特殊意志にほかならないからである。このように、一方で得られるものは他方で失われるので、立法者の技量は、つねに反比例の関係にある政府の力と意志とが、国家にとってもっとも有利な比で結びつく点を決定しうることで示される。

第三章　政府の分類

前章では、政府のさまざまな種類または形態が、なにゆえに政府を構成している人間の数によって区別されるかを明らかにした。本章に残されているのは、この分類がどのように行なわれるかを明らかにすることである。

主権者は、まず第一に、政府を人民全体または人民の最大部分に委託して、行政官としての市民の数が、その職に就かないたんなる市民の数よりも多くなるようにすることができる。このような政府の形態は、民主政と名づけられる。

あるいはまた、主権者は、政府を少数の人々の手に縮小して、たんなる市民のほうが行政官よりも多くなるようにすることもできる。このような形態は貴族政と名づけられる。

最後に、主権者は、政府全体をただ一人の行政官の手に集中させて、他のすべての行政官が彼らの権力を、この一人の行政官から譲り受けるようにすることもできる。この第三の形態はもっとも普通に行なわれているもので、君主政または王政と呼ばれる。

これらの形態はすべて、あるいは少なくとも最初の二つの形態は、さまざまな程度の差を許すものであり、かなり広い共通の範囲さえ持つということに注意しなければならない。なぜなら、民主政は、人民全体を包含することもできれば、その半数にまで縮小することもできる。貴族政はと言えば、これまた、人民の半数から、ごく少数まで、どこまでとは決められないが、縮小することができる。王政でさえ、多少の分割を許容する。スパルタはその国家制度によってつねに二人の国王を持っていた。ローマ帝国においては、同時に八人までの皇帝がいたことがあったが、帝国が分裂していたとは言えない。このように、それぞれの政府形態が、次の政府形態と混じり合う一点がある。そこで、名称は三つしかないが、じっさいには政府は、国家がかかえている市民の数と同じだけのさまざまな形態をとりうることがわかる。

それだけではない。同一の政府も、ある種の諸機能に関してはいろいろの部分に細分され、それらのなかには他の二つの様態で行政が行なわれる部分もあるから、上述の三つの形態を組み合わせることによって、多数の混合形態が生じうることになる。おのおのの混合形態に、すべての単一形態を掛け合わすことができるからである(一二)。

政府の最良の形態は何かということについては、いつの時代でもさかんに議論されてきたが、そのさい、いずれの形態もある場合には最良であって、他の場合には最悪になるのだということは、考慮されなかった。

もし、さまざまな国家において、最高行政官の数が市民の数と反比例しなければならないとしたら、一般に民主政は小国に適し、貴族政は中規模の国に、君主政は大国に適するということになる。この通則は、先に述べた原理から直ちにひきだされる。例外はあるが、それらを生ぜしめる無数の事情を数えあげることが、どうしてできよう。

第四章　民主政について

法律をつくる者は、それをどのように執行し、また解釈すべきかということを、だれよりもよく知っている。だから、執行権が立法権と結びついている政体《コンスチチユシオン》以上に、よい政体はありえないように思われる。しかし、まさにそのことが、この政府をある面では不備なものにしているのである。というのは、区別されるべきものが区別されていないため、同一の人格にほかならない統治者と主権者とが、いわば政府のない政府を形成しているにすぎないからである。

法律をつくる者がこれを執行することや、また、人民という団体が、一般的な目的から注意をそらせて、特殊的な対象にそれを向けることはよくない。公務に私的利害が影響を及ぼすことほど危険なことはなく、政府による法の乱用も、立法者が特殊な目的を持ちこむことで必然的に陥る腐敗にくらべれば、まだしも弊害が少ない。その〔腐敗の〕場合には、国家はその根本において悪化しているわけだから、いかなる改革も不可能となる。統治権をけっして乱用しないような人民であれば、独立をも乱用しないであろう。つねによく統治する人民であれば、統治される必要もないであろう。

民主政という言葉の意味を厳密に考えるならば、真の民主政は、かつて存在したことがなかったし、これからもけっして存在しないであろう。多数者が統治して少数者が統治されるということは、自然の秩序に反している。人民が公務を処理するためにたえず集まっているなどということは想像もできない。ところが、容易にわかるように、公務を処理するために委員会を設けることは、統治の形態を変えないかぎり不可能なのである。

じっさい、政府の機能が多くの役所に分割されている場合、もっとも人数の少ない役所が、いずれは最大の権威を握るようになる、ということを、私は原則として提示できると考える。仕事を敏速に片づけるのが容易だという理由からだけでも、おのずから仕事がそこへ持ちこまれてくる。

そのうえ、この政府の存続にとって必要な諸要素を取りそろえるのは、どんなに困難であることか。第一に、非常に小さい国家であって、人民が集会を持ちやすく、また各市民が容易に他のすべての市民を知りうること、第二に、習俗がきわめて素朴であって、あまたの事務や面倒な議論を避けうること。次に、地位や財産の平等が広くゆきわたっていること。そうでなければ、権利や権威の平等が長続きすることはできないだろう。最後に、奢侈がごく少ないか、またはまったく存在しないこと。というのは、奢侈は富の結果であるか、または富を必要とするものだからである。奢侈は富者と貧者の両方を、一方は所有により、他方は羨望によって、ともに腐敗させる。奢侈は祖国を安逸と虚栄に売り渡す。奢侈は国家からその市民をことごとく奪って、ある市民を他の市民に隷属させ、またすべての市民を偏見の奴隷にする。

そのために、ある有名な著述家は、徳をもって共和国の原理とした。(一二) これらの条件はすべて、徳なしには存続しえないからである。しかし、必要な区別を設けておかなかったために、このすばらしい天才も、しばしば公正を欠き、時には明晰を欠いていた。こうして、主権はどこにおいても同じものであるから、すべてのよく構成された国家——政府の形態によって構成度に多少の差はあるにせよ——においては同一の原理がかならず作用していることを見落とした。

付言しておくと、民主政もしくは人民政体ほど、内乱、内紛の起こりやすい政府はない。それは、民主政ほど、政治形態が著しく、またたえず変わりやすいものはなく、またその維持のために、これほど警戒と勇気とを要求するものはないからである。とりわけこの政体においては、市民は実力と粘り強さとで身を固め、ある有徳な知事(1)がポーランドの議会で言った言葉を、生涯のあいだ毎日、心の底で唱えていなければならない。「私は平穏な隷属よりもむしろ危険な自由を選ぶ」と。

(1) ポスナニア州知事で、ポーランド国王ロレーヌ公の父。(一三)

もしも神々からなる人民があるとすれば、この人民は民主政治をもって統治するだろう。これほど完璧な政体は人間には適しない。

第五章　貴族政について

貴族政には、二つのはっきり異なった精神的人格、すなわち政府と主権者とがある。したがって、二つの一般意志があるわけで、一方は、市民全体にとっての一般意志であり、他方は政府の構成員だけにとっての一般意志である。だから、政府は、その内部の管理を意のままに規制できるが、人民に対しては、主権者の名、すなわち人民自身の名においてしか語りかけることができない。このことは、けっして忘れてはならない。

最初の社会は、貴族政によって統治を行なっていた。家長たちが、彼らのあいだで公共の問題を討議し、若者たちは、易々として経験の権威に服従していた。祭司〔＝長老〕(Prêtres)、古老(anciens)、元老院(sénat)、〔スパルタ〕上院議員〔＝老人〕(Gérontes)などの名称はここから生まれたのである。北アメリカの未開人たちは、今日でもなお、このような統治を行なっており、しかも大変よく治まっている。

しかし、制度による不平等が自然的不平等をしのぐにつれて、富もしくは権力[1]が年齢よりも重んじられるようになり、貴族政は選挙制になった。ついに、権力が財産とともに父から子へと譲られるようになると、貴族の家柄が生まれ、政府〔の職〕は世襲となり、二十歳の元老院議員すら現われてきた。

（1） 古代人が、Optimates という語を最良の者という意味ではなく、最強の権力者という意味で使っていたことは明らかである。

だから、貴族政には、自然的なもの、選挙によるもの、世襲によるものの三種類がある。最初のものは、素朴な人民にしか適しないし、第三のものはあらゆる政府のなかで最悪である。第二のものがもっともよい。これが本来の意味の貴族政である。

この制度には、二つの権力〔＝主権と行政権〕がはっきり区別されるという利点のほかに、その政府の構成員を選抜できるという利点がある。なぜなら、人民政体の場合には、すべての市民が生まれながらにして行政官であるが、貴族政は彼らを少数に限定し、しかも選挙によるのでなければ、行政官になりえないからである。[1] この方法を通じて、誠実、知識、経験、その他公衆の選好と敬意をかち得たすべての理由が、そのまま以後の善政の保証となる。

（1）行政官の選考の形式を、法律によって規定することはきわめて大切である。なぜなら、この選挙を統治者の意志にゆだねると、ヴェネツィアやベルンの二共和国で起こったように、世襲的貴族政に堕することを避けえないからである。このために、前者はずっと以前から解体した国家となっている。しかし、後者はその元老院が無類に賢明なおかげで維持されている。これは、まことに名誉ある、そしてまことに危険な例外である。

そのうえ、集会はいっそう容易に行なわれ、問題はいっそうよく討議され、より秩序正しく、より敏速に処理される。外国での国家の信用は、無名の、あるいは軽視されている民衆によるよりも、尊敬すべき元老院議員によるほうが、いっそう保ちやすい。

一言で言えば、自分たちの利益のためではなく、民衆の利益のために民衆を支配することが確かな場合には、もっとも賢明な人々が民衆を統治するのが、もっともすぐれた、もっとも自然な秩序である。いたずらに政府機関をふやしてはならず、また、選ばれた百人の人でずっとうまくやれることを、二万人でやるべきでもない。しかし、この政体においては、〔政府という〕団体が自分の利益のために、一般意志の規準にもとづいて公共の力を働かすことが少なくなり始め（一四）、また、他の避けえない傾向により、執行権の一部が法律から取り除かれる危険があることに注意しなければならない。

貴族政に独特のとりえといえば、よい民主政の場合のように、法の執行が公衆の意志から直ちに出てくるような、それほど小さな国や、それほど素朴で正直な人民を必要としない、ということである。そしてまた、国民を治めるために各地に分散している首長たちが、それぞれの任地において主権者のようにふるまい、まず独立してついには主人となってしまうことができるほどの、大国民をも必要としない、ということである。

しかし、貴族政は人民政体よりも少ない徳しか必要としないとはいえ、やはりそれは、富者の節制や貧者の満足というような、貴族政に固有な他の徳を必要とする。なぜなら、厳密な平等は、そこではふさわしくないようだからである。スパルタにおいてさえ、厳密な平等は守られていなかった。

なお、この政治形態が財産のある程度の不平等を許すとしても、それはまさに、一般的に言って公務の処理を、自分の時間のすべてをもっともよくそれにささげることのできる人々にゆだねるためであって、アリストテレスが言うように（二五）、富者をつねに優先させるためではない。逆に、貧者を選ぶことによって、富よりももっと重要な選考の理由が人間の値打ちのなかにあることを、ときとして人民に教えることが大切である。

第六章　君主政について

これまでわれわれは、統治者を、法の力によって統一され、国家のなかで執行権を委任された、精神的で集合的な人格として考察してきた。いまやわれわれは、この権力が、法律に従ってそれを行使する権利を持った、ただ一人の自然的人格、一人の現実の人間の手に集中されている場合を考えなければならない。これが、王《モナルク》あるいは国王と呼ばれるものなのである。

一個の集合的存在が一人の個人を代表している他の諸政体とはまったく逆に、君主政においては、一個人が一集合的存在を代表している。(一六)だから、統治者を構成する精神的統一は、同時に肉体的統一でもあって、この統一のなかでは、他の政体なら法律が大変な苦心を労して結合させるいっさいの職能が、自然に結合されているのである。

このように、人民の意志と統治者の意志、国家の公共の力と政府の特殊な力、これらすべてが同一の原動力によって作動するのであり、機械のすべてのばねは同一人の手中にあって、すべてが同じ目的に向かって進行するのである。そこには、互いに力を減殺し合うような相反する運動はまったくなく、したがって、これほどわずかな努力が、これほど大きな活動を生みだすどんな種類の政体も、ほかに想像することはできない。浜辺に静かにすわったままで苦もなく大船を進水させたアルキメデスは、執務室のなかにあって広大な国土を統治し、身動き一つしないように見えながら、すべてを動かしている有能な君主を思わせる。

しかし、これほど活力のある政府はほかにないとしても、またこれほど特殊意志が勢力を持ち、他の意志を容易に支配する政府もほかにない。なるほど、すべてが同じ目的に向かって進行してゆく。しかし、この目的はけっして公共の至福ではない。だから、統治の力そのものが、たえず国家の害になるように働いているのである。

国王たちは、絶対的であることを望んでいる。そして、そのための最良の方法は、人民に愛されることだと、人々は国王たちに遠くから叫んでいる。この格率は大変りっぱである点ではまったく真実でさえある。だが、不幸にして〔身近な〕宮廷ではそれはつねに一笑に付せられるだろう。人民の愛から生ずる権力は、たしかにもっとも大きな権力だ。しかし、それは不安定な、条件つきの権力である。君主たちは、そのような権力では満足しないだろう。最善の国王であっても、支配者たる地位を失わないなら、自分の好きなときに悪王たりうることを望んでいる。政治の説教者が、君主をまえにして、人民の力はすなわち国王の力なのだから、国王の最大の利益は、人民が富み栄え、数を増し、〔隣国にとって〕脅威となることだ、といくら説いてみたところでむだである。国王たちは、それが本当ではないことをよく心得ている。国王の個人的利益は、まず第一に、人民が弱くて、貧しくて、けっして国王に反抗できないということである。もっとも、臣民が完全にいつも服従していると仮定するなら、その場合には、人民の力強さが君主の利益となることを、私も認める。その場合は人民の力が君主自身の力となるのだから、人民の力のおかげで、その君主が隣国を威圧できるからである。しかし、この利益は、第二次的、従属的で、かつ、この〔人民の服従性と力強さという〕二つの仮定は両立しえないものであるから、君主たちが、直接自分に有利なほうの格率をつねに選ぶのは当然である。この点をサムエル[一七]はヘブライ人たちに力をこめて説き、マキァヴェリは証拠を挙げて明らかにした。マキァヴェリは、国王たちに教訓を与えるようなふりをして、人民に偉大な教訓を与えた。マキァヴェリの『君主論』は共和主義者のための書なのである。[1]

(1)[一八] マキァヴェリは誠実な人で、善良な市民であった。だが、メディチ家に縛られていたために、祖国の圧制のなかにあって、自由への彼の愛を偽装しなければならなかった。呪うべき人物〔チェーザレ・ボルジア〕を自分の著作の主人公に選んだことだけでも、彼のひそかな意図がよく現われている。彼が『君主論』で説いているところと『ティトゥス・リヴィウス論』や『フィレンツェ史』で述べているところとのあいだの対立は、この深遠な政治学者が、今日まで皮相な、または腐敗した読者しか持たなかったことを示している。ローマの法王庁は彼の著書を厳禁した。当然のことだ。彼がいちばんはっきり描いたのはこの宮廷であったからである。

すでにわれわれは、一般的な比例から、君主政は大国にしか適しないことを見いだしたが[一九]、君主政だけを取りあげて検討してみても、同じ結論が見いだされる。国家の行政に参加する人の数が多くなればなるほど、ますます統治者の臣民に対する比は小さくなり、同等に近づいてゆき、民主政にいたると、この比は一対一、すなわちまったく等しくなる。この比は、政府が縮小するにつれて大きくなり、政府がただ一人の手中に帰するときに、その最大限に達する。その場合には、統治者と人民との距離が大きくなり過ぎるので、国家はつながりを欠くにいたる。そこで、このつながりをつくるために、中間の階層を必要とする。この媒介役を果たすために、王公、高官、貴族が必要となる。ところで、これらの階層は、どれ一つとして小国には適せず、小国を滅ぼすのは、これらすべての成層である。

しかし、大国をよく統治することは困難であるとしても、ただ一人の人間がそれをよく統治することは、はるかに困難である。しかも国王が代理に任せるとき、何が起こるかはだれでも知っている。

君主制を共和政よりもつねに劣ったものにする根本的な避けがたい欠陥がある。共和政においては、人民の声はその職をりっぱに果たすような見識と能力のある人物以外の者をめったに高位に就かせない。これに反して、君主政において出世する者は、たいていの場合、矮小なおせっかい屋、矮小なペテン師、矮小な陰謀家だけであって、彼らの小才は宮廷において要職に就かせることはできても、ひとたびその地位を得るやいなや、彼らの無能を公衆に暴露することに役立つだけである。人民は、君主よりも、この選択を誤ることははるかに少ない。だから、〔君主政の〕大臣の職に真に才能のある人物がまれであるのとほぼ同様に、共和政府の首脳に愚か者はまれである。それゆえ、何かの幸運な偶然で、天成の政治家の一人が、こうしたひどい管理人たちの群によって〔ほとんど〕破滅した王国の政務を掌握するにいたったとき、人々は彼の考えつく諸方策にまったく意表をつかれるのであり、そしてこのことが一国に一時期を画するのである。(二〇)

君主国がよく統治されうるためには、その大きさ、すなわち領土の広さが、統治する人の能力に相応していることが必要であろう。征服することは統治することよりもやさしい。十分な長さの挺子《てこ》があれば、指一本で地球を揺り動かすこともできる。だが、地球を支えるには、ヘラクレスの肩が必要である。国家が少しでも大きいと、君主はほとんどつねに小さ過ぎる。反対に、国家がその首長に比して小さ過ぎる場合にも――これはきわめてまれなことだが――やはり統治はうまくゆかない。なぜなら、首長はいつも大きなもくろみを追って人民の利益を忘れ、視野の狭い首長が、才能の欠如のために人民を不幸にするのに劣らず、あり余る才能の乱用のために人民を不幸にするからである。王国というものは、いわば君主の能力に応じて、各治世ごとに、拡大したり縮小したりすべきものなのであろう。これに反して、〔共和国の〕元老院の才能は〔成員が複数であるため〕上下の幅がもっと安定しているので、国家は不変の境界を保つことができ、統治はうまく行なわれるのである。

ただ一人が行なう統治においてもっとも目立つ不都合は、他の二政体においては連綿として続くあの〔統治者の〕不断の継続がないということである。国王が死ねば、別の国王が必要となる。国王の選挙は危険な間隙を残す。選挙は波瀾を呼ぶ。そこで、市民が、君主政ではまずないことだが、無私、廉潔でないかぎり、陰謀や腐敗が選挙に混じりこむ。国家が自分を売り渡した相手〔＝新国王〕が、今度はその国家を売り渡し、自分が強者にゆすり取られた金銭を弱者から取り立てて埋め合わせるのは、避けがたいことである。このような政体のもとでは、遅かれ早かれすべてが金次第となり、そうなれば国王のもとで与えられる平和は、空位期間の混乱よりもさらに悪い。

　これらの害悪を予防するために何がなされたか。王位がある家庭の世襲とされた。そして、王位継承の順序を定めて、国王の死にさいして起こるいっさいの紛争を予防した。すなわち、選挙という不都合の代わりに摂政という別の不都合を設け、賢明な統治よりも、むしろ外見の平穏を選んだのであり、すぐれた国王の選出をめぐる避けがたい争いよりも、子供や怪物や低能を首長としていただく危険のほうを好んだのである。世襲のほうを選んだための〔不適格な国王を持つ〕危険にさらされていながら、成功の確率がほとんどないほうに賭けていることを、人々は見のがしていた。ディオニシウスが、息子の恥ずべき行為をとがめて、「私がお前にそんなまねをして見せたことがあるか」と言ったとき、息子は「でもあなたの場合は、お父さんが国王ではなかった」と答えたが、それはまことにもっともな言葉である。(二一)

　他人に命令するために育てられた人間について言えば、すべてがこぞって正義感と理性とを奪ってしまうように働いている。若い王子に統治の術を教えるために、大変な苦心が払われているということだが、こんな教育が王子たちのためになるとは思われない。彼らには、まず服従する術を教えることから始めたほうがまだましだろう。史上に名を残したもっとも偉大な国王たちは、けっして統治するための教育を受けはしなかった。統治という学問は、学び過ぎると、かえって身に着かない学問であり、命令することよりも服従することによって、これをいっそうよく習得することができる。なぜなら、「善いことと悪いことを見分けるもっとも有効で簡単な方法は、他人を国王としていただいたとき、汝が何を望み、望まないかを考えてみることだからである(1)」。

（1） タキトゥス『歴史』第一篇第十六章。

この連続性の欠如から出てくる一つの結果は、王政における無定見である。王政は、統治する君主、あるいは彼に代わって統治する者たちの性格いかんによって、ある時はこの政策に従い、他の時は別の政策に従って治められ、長期にわたって一定の目標や一貫した指導性を持つことができない。この変化は、国家をたえず格率から格率へ、計画から計画へと浮動させるが、統治者がつねに同一である他の政体では、こうした変化は存在しない。だから、一般的に言えば、宮廷が術策においてまさるのなら、元老院は英知においてまさり、また、共和国が、より一貫的で持続的な展望をもって目的へ進んでゆくのに対し、君主国では、内閣に変動が起こるごとに国家にも変動が起こる、ということがわかる。なぜなら、すべての大臣に、またほとんどすべての国王に共通な格率は、何ごとにおいても先任者の逆を行なう、ということなのだから。

なお、この同じ非連続性から、王政を支持する政治家たちのおなじみの詭弁に対する解答もひきだされてくる。この詭弁は、国政を家政になぞらえ、君主を家父になぞらえるばかりでなく――この誤謬はすでに論駁したが[二二]――さらに、行政官に必要とされる徳のすべてが、現に彼には備わっている、と勝手に決めてしまって、現実の君主がそうあるべき君主であるかのようにつねに仮定することである。この仮定をもってすれば、君主政は、明らかに他のどの政体よりも好ましいものである。なぜなら、君主政はどう考えても、もっとも強力な政府であり、それに加えて最良の政府となるためには、ただ一般意志によりよく合致する団体意志さえあればよいからである

しかし、天成の王者は、プラトンの言うように[1]、きわめてまれな人物だとすれば、自然と偶然とが協力して、この人物を王位に就かせることが、そうたびたびあるだろうか。また、王公教育が、それを受ける人を、かならず腐敗させるならば、統治者たるべく教育された一連の人間から、何を期待したらよいのだろうか。だから、君主政一般と、ある国王の善政とを混同することは、好んで自己を欺くことである。王政そのものがなんであるかを知るためには、暗愚な、あるいは邪悪な君主のもとにあるこの政体を考えなければならない。なぜなら、こうした人物を王位に送るか、あるいは王位がこうした人物をつくってしまう[二三]〔ところに、この政体の本質が露呈する〕からである。

（1）『国家論』[二四]。

これらの難点を、わが著述家たち(一一五)は見落とさなかったわけではないが、彼らはいっこうそのことで困惑しなかった。救いはぶつくさ言わずに服従することにある、と彼らは言う。神様はご立腹のときには悪い国王をお送りになる。だから、天罰として辛抱しなければならない、と。まことにありがたいお説教だが、政治の書物のなかでよりも、説教壇でやってもらったほうがふさわしいのではなかろうか。奇跡を約束しながら、患者に忍耐を説くしか芸のない医者を、なんと言えばよいのだろう。悪い政府に当たったとき、これをがまんしなければならないことくらいは、だれでも知っている。問題は、よい政府をどうして見つけるか、ということだ。

第七章　混合政府について

厳密に言えば、単一政体なるものは存在しない。首長がただ一人の場合でも、何人かの直属の行政官が必要であるし、人民政府でも、一人の首長を必要とする。そこで、執行権が分割されたさいの分け前は、多数の層から少数の層へと段階ごとに集中してゆくのが常態だが、あるいは〔君主政や貴族政の場合のように〕多数者が少数者に依存し、あるいは〔民主政の場合のように〕少数者が多数者に依存するという差異がある。

ときには、執行権が等分されていることもある。イギリスの政府におけるように[二六]、その構成部分が相互依存の関係にある場合とか、ポーランドにおけるように[二七]、各部分の権威が独立してはいるが不完全な場合がそうである。後者の形態は悪い。なぜなら、政府に統一がなく、国家は紐帯を欠いているからである。

単一政体と混合政体のどちらがまさっているか。これは政治学者のあいだでさかんに討議されている問題だが[二八]、これに対しては、私は先にすべての統治形態について述べた[二九]のと同じ解答をしなければならない。

単一政体は、それが単一であるということだけで、それ自体としては最良のものである。しかし、執行権が十分に立法権に従属していない場合、すなわち、統治者の主権者に対する比が、人民の統治者に対する比よりも大きい場合、政府を分割して、この均衡の欠陥を治療しなければならない。なぜなら、そうすれば、その政府のすべての部分は、臣民に対する権威を減じないで、しかも分割によって、それらの部分が総体として、主権者に対して持つ力は弱まるからである[三〇]。

この同じ不都合は、中間的な行政職を設けることによってもまた、防止することができる。この行政職は政体をまったくそのままにして置いて、二つの権力を均衡させ、それぞれの権利を維持するだけの役目を果たすにとどまる[三一]。その場合には、政体は混合的ではなくて、調節されているのである。

これと反対の不都合も、同じような方法によって治療することができる。すなわち、政府があまりにも弛緩しているときには、役所をいくつか設けて政府の力を結集する方法がこれである。この方法は、すべての民主政において行なわれている。前者の場合に政府を分割したのは、これを弱めるためであり、後者の場合においてはこれを強めるためである。なぜなら、強さと弱さの最大限はともに単一体において実現されるのに対し、混合政体は中位の力を与えるからである。

第八章　あらゆる統治形態があらゆる国にふさわしいわけではないこと

自由はどんな風土にでも実を結ぶわけではないから、すべての人民がこれを味わえるとはかぎらない。モンテスキューの立てたこの原理(三二)は、考えれば考えるほど真実だという感が強まる。これに反対すればするほど、次々と新しい証拠が出てきて、この原理を立証する機会がますますふえることになる。

世界中のどんな政府においても、公的人格なるものは消費するのみで何一つ生産しない。それでは、その消費される物質はどこからくるのか。構成員の労働からである。公共の必要物をつくりだすのは、個々人の剰余である。したがって、社会状態は、人々の労働がみずからの必要を満たす以上のものを生産する場合にのみ存続しうるということになる。

だが、この超過分は世界中のどの国でも同じというわけではない。ある国では大量であり、他の国ではわずかしかなく、またゼロの国もあれば、マイナス値の国もある。この割合は、風土の肥沃度、土地が要求する労働の種類、その生産の性質、住民の体力、彼らが必要とする消費量の多少、およびこの割合に影響するさまざまの要素の類似の割合によって左右されるのである。

一方、すべての政府は、同じ性質のものではない。本来貪欲な政府もあれば、それほどでもない政府もある。さらにこの差異は、公共の税金は、その源泉から遠ざかれば遠ざかるほど、重い負担となる、という例の原則（三三）にもとづいている。この負担の計量は、課税額〔の多少〕によってではなく、税金がそれを払った人々の手に戻ってくるまでに要する道のり〔の長短〕によって測られなければならない。この流通が敏速で規則正しければ、納税額の多少は問題ではなく、人民はつねに富み、財政はつねに健全である。これに反して、人民の支払う額がどんなに小さくても、つねに払いっぱなしで、彼らに戻ってこない場合、人民はほどなく力を出し尽くしてしまう。国家はけっして富むことなく、人民はいつまでも貧しい。

以上のことから、人民と政府の距離が増すほど、それだけ租税は重荷となるという結果が出てくるのだから、民主政においては、人民の負担がもっとも軽く、貴族政においては、それが増大し、君主政においては人民はもっとも重い負担をになう。それゆえ、君主政は富裕な国民にのみ適し、貴族政は富においても大きさにおいても中位の国家に適し、民主政は小さな貧しい国家に適する。

じっさい、このことを考えれば考えるほど、自由な諸国家と君主政国家との相違はここにあることがわかってくる。前者においては、すべてが共同の利益のために用いられ、後者においては、公共の力と個人の力とが相反的であって、一方が増せば他方は減ずる。つまり、専制政治は、臣民を幸福にするために彼らを統治するのではなくて、臣民を統治するために彼らを貧困にしてしまうのである。

そこで、これまでに述べてきたところから、おのおのの風土には、それぞれ自然的原因があって、この制約のもとでは、風土の力に順応するのはどんな統治形態であるかを定めたり、この風土にはどんな種類の住民がふさわしいかを語ったりすることさえできるのである。生産物が労働に引き合わないような、働きがいのない不毛の土地は、未墾のまま荒れるにまかせておくか、それともせいぜい原始人に住まわせておくべきである。人々の労働が、生きてゆくのに必要なものだけしか生まない土地は、野蛮人に住まわせるべきである。そのような土地では、いかなる国家組織《ポリティア》も成り立たないであろう。労働に対する生産物の過剰が中位の土地は、自由な国民に適する。土壌が豊かで肥えており、わずかの労働に対して多くの生産物を与える土地は、君主政によって統治されることを望んでいる。臣民の過剰生産物を、君主が奢侈によって消費することに向いている。なぜなら、この過剰物は個々人によって浪費されるよりも、政府に吸収されたほうがましだからである。もっとも、例外があることは、私も知っている。しかし、これらの例外そのものが、この規則を裏づける。というのは、そうした例外は、遅かれ早かれ革命を生みだし、事物を自然の秩序に引き戻すからである。

一般的法則と、その法則の結果を変更しうる特殊的原因とを、つねに区別しよう。たとえ南方の全土が共和国でおおわれ、北方の全土が専制国でおおわれているとしても、風土の効果から言えば、専制政治は暖かい国に適し、未開状態は寒い国に適し、その中間地帯に、よい政治組織が適するということが、真理であることに変わりはない。だがまた、この原則には同意しても、適用に異論がある、という意見があることは、私も承知している。すなわち、きわめて肥沃な寒冷の国もあれば、きわめて不毛な南国もある、と言えよう。しかし、この難問は、事態をあらゆる連関のもとで検討しない人々にとってのみ、難問であるにすぎない。すでに述べたように、労働、体力、消費、等々のさまざまな連関を考慮に入れなければならないのである。かりに、面積の等しい二つの土地があって、その一方は五の、他方は十の収穫をもたらすとしよう。もし、前者の住民が四を消費し、後者の住民が九を消費するとすれば、前者の生産物の過剰分は五分の一、後者の過剰分は十分の一となる。したがって、両者の過剰分の比は生産物の比の逆であって、五しか生産しない土地が十を生産する土地の二倍の剰余を生みだすことになる。

しかし、〔一方の他方に対する〕二倍の収穫については、問題とするに及ばない。じっさい、寒い国は一般に暖かい国とくらべてさえ肥沃度の点で等しいと、あえて仮定する人は一人もなかろうと思う。しかし、かりに、これが等しいとしよう。お望みなら、イギリスがシチリア島と、ポーランドがエジプトと、同程度だとしておこう。エジプトより南がよければ、アフリカとインド諸島があるが、ポーランドより北にはもう何もない。ところで、この同じ生産高を上げるのに、なんと耕作方法の違うことか。シチリア島では、地面を浅く耕すだけで十分なのに、イギリスでは土地を耕すのになんと手数がかかることだろう！　さて、同量の生産物を得るのに、人手を余計に要するところでは、剰余は必然的に少ないはずである。

なおそのほかに、暑い国では、同じ数の人間でも消費量がはるかに少ないということを考慮に入れていただきたい。そこでは、人は健康を維持するために、飲食を節することを、風土から要求されている。この国で本国同様の生活をしようとするヨーロッパ人は、ことごとく赤痢や消化不良で死んでしまう。シャルダンは言う、「われわれはアジア人にくらべれば、肉食獣であり、狼である。ペルシア人の節食は、彼らの国が他国ほど耕作されていないせいだと言う人がいる。しかし、私は逆に、ペルシアに食料が乏しいのは、住民が他国ほどにはそれを必要としないからだと思う」と。彼は続けて言う、「もし彼らの粗食が、この国の食糧不足の結果だとしたら、貧者だけが少食なはずだ。ところがじっさいは、だれもが一様に少食である。また、各地方の土地の豊かさに応じて、多食のところも、少食のところもあるはずだが、じっさいは王国中どこへいっても同じように節食が行なわれている。ペルシア人は彼らの生活様式をたいそう誇りにしており、それがキリスト教徒の生活様式よりもいかにすぐれているかは、彼らの顔色を見るだけでわかる、と言っている。たしかに、ペルシア人の顔色はむらがなく、皮膚は美しく、きめが細かでつやがある。ところが、彼らの属国民で、ヨーロッパ風の生活をしているアルメニア人の顔色は悪く、吹き出ものだらけだし、からだは肥満して鈍重である（三四）」と。

赤道に近づけば近づくほど、民族は少食である。彼らはほとんど肉を食わない。米、とうもろこし、もろこし〔＝たかきび〕、粟、それにタピオカが、彼らの常食である。インド諸島には、一日の食費が一スーもかからない数百万の人々が住んでいる。ヨーロッパにおいてさえも、北方の人民と南方の人民とのあいだには、食欲において著しい相違が見られる。スペイン人なら、ドイツ人の一回分の正餐で、一週間も生きてゆけるだろう。人間が食欲旺盛な国々では、奢侈は飲食物のほうへも向かう。イギリスでは、奢侈は肉類を盛りあげた食卓に示される。イタリアでは、砂糖と花で客をもてなす。

衣服の奢侈にも、似かよった違いがある。季節の変化が速く激しい風土では、着物は良質で簡素である。着飾るためだけに着物を着る風土では、実用よりも華美が求められる。そこでは衣服をまとうこと自体が、奢侈の意味を持つ。ナポリでは、金の部品のついた上着なのに靴下もはかず、といった身なりの人々が、毎日ポジリッポ(三五)を散歩しているのが見られるだろう。建物についても同じことである。外気によって健康を害するおそれがまったくない場合は、豪華ということだけが配慮される。パリやロンドンでは、暖かくて居心地のよい住居が喜ばれる。マドリッドでは、豪奢な客間はあるが、外気を遮断する窓は一つもなく、寝室はねずみの巣窟同然である。

食物は、暖かい国のほうがはるかに栄養があり美味である。これが第三の相違だが、第二の相違に影響を及ぼさずにはおかない。イタリアでは、なぜあんなに多くの野菜を食べるのか。それは、そこの野菜が良質で、滋養に富み、非常においしいからである。フランスでは、野菜は水だけで育てられるから、少しも栄養にならず、食卓では、ほとんど物の数に入っていない。しかも、これを栽培するのに要する土地は、小さくてすむわけではなく、また、少なくとも同じ程度の労力がかかる。〔北アフリカの〕バルバリア地方(三六)の小麦は、他の点ではフランスの小麦に劣っているが、小麦粉はずっとたくさんとれるし、そのフランスの小麦は、北方の小麦にくらべればたくさん小麦粉がとれる、ということは実験済みである。このことから推論して、赤道から極地へ向かってゆくと、一般にこれと同様の段階が見られる、ということができる。ところで、同量の生産物から、より少ない食物しかとれないということは、明白な不利ではないだろうか。

これらのさまざまな考察に、いま一つをつけ加えることができる。これは以上の考察から出てくるものだが、同時にそれらを補強するものでもある。それは、暖かい国は寒い国よりも住民を必要としないのに、より多くの住民を養いうる、ということだ。このことが二倍の剰余を生みだし、つねに専制政治に有利となる。同数の住民でも、広い面積を占めれば占めるほど、反乱は起こしにくくなる。なぜなら、人民は敏速に、秘密裡に集合することができないし、また政府にとっては、計画をかぎつけ、連絡を断ち切ることがいつも容易だからである。しかし、多くの人民が密集していればいるほど、政府が主権者の機能を横領することはできなくなる。人民の首領たちは、御前会議における君主と同じくらい安全に自分たちの部屋で協議するし、また群衆は、軍隊が兵営に集まるのと同じくらい迅速に広場に集まってくる。だから、圧制的な政府にとっての利点は、遠いところから働きかけうる、というところにある。政府の力は遠くに設けられた拠点の助けを借りて、あたかも挺子《てこ》の力のように、対象が遠ざかるにつれて増すのである。(1) これに反して、人民の力は、集中しなければ発揮されない。それは拡散すると、地面にまき散らされた火薬が、一粒ずつしか発火しないのでさっぱり効果がないように、雲散霧消してしまう。こういうわけで、人口密度のもっとも低い国が、圧制にもっとも適している。猛獣は荒野においてのみ君臨する。

(1) このことは、私が前に(第二篇第九章)大国の不便について述べたことと矛盾しない。なぜなら、そこでは政府のその構成員に対する権威が問題であったが、ここでは臣民に対するその力が問題だからである。各地に分散した政府の構成員たちは、政府が遠方から人民に働きかけるための拠点として役立つ。しかし、政府は、この構成員自体に直接働きかけるためには、なんらの拠点も持っていない。このように、一方の場合には挺子《てこ》の長さが政府の弱みとなり、また他方の場合にはその強みとなる。

第九章　よい政府の特徴について

そこで、絶対的な意味で、最良の政府とはなんであるか、と問う人があれば、その人は、漠然とした、かつ解決不能な問いを出していることになる。あるいは、お望みならこうも言えよう。その問いに対しては、さまざまの人民の絶対的状況と相対的状況において、可能な組み合わせの数だけの、正しい答えがある、と。

しかし、もし、ある特定の人民が、よく統治されているか、あるいは悪く統治されているかは、どんな特徴によって知ることができるか、と問う人があれば、それは別の問題であって、事実問題として解答が出るはずである。

ところが、だれもが自分勝手なやり方で答えようとするので、この問題は少しも解決されていない。臣民〔＝被治者〕は公共の平穏を誇り、市民は個人の自由を誇る。(三七) 前者は財産の安全を好み、後者は身体の安全を好む。前者は最良の政府とはもっとも厳格な政府のことである、と主張し、後者は、それはもっとも寛大な政府のことである、と主張する。前者は犯罪の処罰を望み、後者はその予防を望む。前者は、隣国に恐れられることをよしとし、後者はそれに無視されることをむしろ喜ぶ。前者は、貨幣が流通していれば満足し、後者は、人民が日々の糧にこと欠かないことを要求する。だがたとえ、これらの点やこれに類似した他のさまざまな点で、意見が一致したとしても、問題の解決にそれだけ近づいたことになるだろうか。精神的なものの量を測る精密な尺度はないのだから、特徴についてはは意見が一致したとしても、その評価について、どうして一致が得られようか。

私としては、次のようなあたりまえの特徴を、人が見落としていること、そうでなければ、それを一致して認めようとしない悪意を持っていることが、いつも不思議でならない。政治的結社の目的は何か。それは、その構成員の保存と繁栄である。では、構成員が保存され、繁栄していることの、もっとも確かな特徴は何か。それは、彼らの数であり、人口である。だから論争の的になっているこの特徴を、よそに求めにゆくまでもない。他のすべての条件が等しいとすれば、帰化、植民など対外的な手段に頼らないで、市民がいっそう人口を増し、ふえてゆくような政府こそ、間違いなく最良の政府である。人民が減少し、衰退してゆくような政府は最悪の政府である。計算の得意な諸君、これからは君たちの仕事だ。勘定し、測定し、比較していただきたい[(1)]。

(1) 人類の繁栄にとって、特に好ましいとみなしてよい世紀を判断するにあたって、人々はこれと同じ規準を用いなければならない。人々は文学や芸術が開花した諸世紀を、その文化の隠された目的を洞察したり、またその痛ましい結果を考慮したりすることなしに、あまりにも讃美し過ぎてきた。「そして、無知な人々は、すでに隷属の始まりであったものを、人間性《フマニタス》〔＝文明〕と呼んでいたのである」[三八]。われわれは、書物で説かれている格率のなかに、著作家たちにこれを語らせた卑しい利害をいつまでも見抜けないのだろうか。それは見抜けない。だが著者たちがなんと言おうと、ある国が、見かけは華やかでも、その人口を減じているとしたら、万事がうまくいっているというのは本当ではない。また、ある詩人が十万リーヴルの年金をもらっているということだけでは、その世紀がすべての世紀を通じて最良のものであるということにはならない。外観の平穏とか、支配者たちの安穏さとかよりも、むしろ全国民の福祉、とりわけ最大多数を占める階層の福祉に注目しなければならない。雹《ひょう》はいくつかの郡を荒らすことはあっても、めったに飢饉をもたらしはしない。暴動や内乱は支配者たちに大きな脅威を与えるが、人民に真の不幸をもたらしはしない。人民は、僭主になろうとして人々が争い合っているあいだに、かえってひと休みすることさえできる。人民の恒久的な状態からこそ、彼らのじっさいの繁栄または災厄が生まれる。すべてが軛《くびき》のもとに押しつぶされた状態が続くとき、そのときこそ、すべてが衰えるときであり、また支配者たちが思うままに人民を破滅させて、「砂漠と化した国土にいながら、これを平和と呼ぶ」[三九]ときなのである。高位高官たちのもめごとがフランス王国を騒がせ、パリの大司教補[四〇]が懐中に短刀をしのばせて高等法院に臨んだときでも、それは、フランス人民がまじめで自由な安楽のうちに幸福な生活を営み、多数の人口を維持することに、なんら妨げとはならなかった。かつてギリシアは、もっとも残忍な戦争のただなかにおいて栄えた。おびただしい血が流れたが、全土は人間でみちみちていた。マキァヴェリは言っている、「殺人、追放、内乱のなかにあって、わが共和国はいっそう強力となったように思われる。市民たちの徳、習俗、自立が、共和国を強めた効果は、あらゆる不和が共和国を弱めた効果よりも大きかった。少しくらいの騒乱は人心に活気を与える。人類を真に繁栄させるものは平和よりもむしろ自由である」[四一]と。

第十章　政府の悪弊とその堕落の傾向について

特殊意志が、たえず一般意志に対抗して働くのと同じように、政府は不断に主権に対抗しようと努める。この努力が増せば増すほど、国家構造はいよいよ悪化する。そしてこの場合、統治者《プランス》の意志に抵抗して、それと均衡を保つような他の団体意志は存在しないから、遅かれ早かれ、統治者がついに主権者を圧倒して、社会契約を破棄するときがくるに違いない。(四二)これこそ、ちょうど老いや死が、ついには人間の肉体を破壊し去るのと同様に、政治体の出生の当初から、たゆみなくそれを破壊しようとしているところの、生命に固有な避けがたい悪なのである。

政府が堕落するには、一般に二通りの道がある。すなわち、政府が縮小する場合と、国家が解体する場合とである。

政府が縮小するのは、それが多数者から少数者の手に移ってゆく場合、すなわち、民主政から貴族政へ、貴族政から王政へと移ってゆく場合である。これこそ、政府というものの自然的な傾向である。(1)もし、逆に政府が少数者から多数者の手に移ってゆく場合には、政府が弛緩すると言いうるだろう。しかし、このような逆行は不可能である。

（1）ヴェネツィア共和国が、入江の小島のなかで徐々に形成され、発展していった経過は、このような移行の顕著な一例を示している。しかも、じつに驚くべきことだが、そのときから千二百年以上もたっているのに、ヴェネツィア人は、一一九八年のセラール・ディ・コンシリオ（評議会閉鎖）で始まった移行の第二期に、いまだにとどまっているように思われる。古代の統領に関して、ヴェネツィア人は非難をこうむっているが、しかしこれは、『ヴェネツィアにおける自由の検討』(四三)がなんと言っているにせよ、これらの統領がヴェネツィアの主権者でなかったことは明らかにされている。

こう言えば、かならず反対する人が出てきて、ローマ共和国をもちだし、そこでは、君主政から貴族政へ、貴族政から民主政へと移って、まったく逆の経過をたどったではないか、と言うだろう。だが、私の見解は、このような考え方とはずいぶん隔たっている。

最初にロムルスが建てた制度は混合政体であったが、それはたちまち専制政治に堕してしまった。赤ん坊が成年に達しないうちに死ぬことがあるように、この国家は、さまざまな特殊な原因によって寿命を待たずに滅びたのである。タルクイニウス王家の追放こそ、真に共和国の誕生を画する時期であった。しかし、この共和国も、当初から恒久的な形態をとっていたわけではない。当初は貴族階級《パトリシア》を廃止しなかったので、事業はまだ半ばしか達成されていなかったからである。というのは、正当な統治形態のなかで最悪のものである世襲貴族政が、このように残存して民主政と葛藤を起こしているために、統治形態は常に不安定で動揺しており、マキァヴェリが明らかにしたように、(四四)護民官の制度が建てられたとき、はじめて安定したにすぎないからだ。その時期になって、ようやく真の政府、真の民主政が形成された。じっさい、この当時の人民は、たんに主権者であったばかりではなく、また行政官でもあり、裁判官でもあった。元老院は政府の力を緩和したり集中したりするための、下級の役所にすぎなくなった。そして執政官そのものですら、貴族であり、最高の行政官であり、また戦時においては絶対の権限を持つ総司令官であったにもかかわらず、ローマにおいては人民の議長であるにとどまった。

ところがそれ以後、政府は自然の傾向に従って、貴族政へと強く傾いた。貴族階級が、自滅の形で解体したので、貴族政は、現在ヴェネツィアやジェノヴァに見られるような貴族の団体のなかではもはや行なわれなくなり、貴族と平民からなる元老院という団体のなかにおいて、ついでは、護民官が実権を簒奪し始めると護民官たちの団体のなかでさえ、行なわれたのである。なぜなら、言葉は変わっても実物は同じで、人民が、自分に代わって統治する首長たちを持っている場合は、彼らがなんという名を持とうと、それはやはり貴族政なのだから。

貴族政の悪弊から内乱が生まれ、三頭政治が生まれた。そして、スラ、ユリウス・カエサル、アウグストゥスが、事実上、国王と変わらぬ存在となり、ついにティベリウスの専制政治のもとに、国家は解体した。それゆえ、ローマの歴史は、けっして私の原理に反するものではなく、かえってこれを確証しているのである。

じっさい、政府が形態を変えるのは、そのぜんまいの弾力が低下し、従来の形態を維持しえないほど、政府が弱体化してしまった場合にかぎられる。ところで、もし、政府がその構成員の数を増すことにより、さらに弛緩するなら、その力はまったくゼロになってしまい、政府の維持はさらに難しくなるだろう。だから、ぜんまいが緩むにつれて、それを巻き直し、引き締めなければならない。そうでないと、ぜんまいによって支えられている国家は滅亡してしまうだろう。

国家が解体する場合、二通りの型がありうる。

第一は、統治者が、もはや法律に従って国を治めないで、主権を簒奪する場合である。そのさい、著しい変化が起こるが、それは、政府が縮小するのではなくて、国家が縮小する、という形態にほかならない。私が言おうとしているのは、大きな国家が解体し、そのなかに別の国家が形成されるということ、すなわち政府の構成員だけから成り立っていて、その外側の人民にとっては、もはや彼らの支配者、僭主以外の何ものでもない国家が形成される、ということである。このようにして、政府が主権を簒奪した瞬間に、社会契約は破棄されたのであり、したがって、一般市民はすべて、その自然的自由の状態に権利上は立ち戻ったことになるから、彼らは服従を強制されはしても、服従する義務はない。

同様の解体は、政府の構成員が、団体としてしか行使してはならない権利を、個々別々に簒奪するときにも起こる。これも第一の場合に劣らぬ法律違反であって、なおいっそう大きな混乱をもたらす、このさいは、いわば行政官と同数の統治者がいることになり、国家は政府と同様に分割されて滅亡するか、あるいは形態を変える。

国家が解体するとき、政府の悪弊は、それがどのようなものであろうと、無政府という共通の名称で呼ばれる。(四五) これを区分すれば、民主政は衆愚政治に、貴族政は寡頭政治に堕落する。つけ加えれば、王政は僭主政治〔＝圧制〕に堕落すると言えようが、この最後の語はあいまいであって、説明を要する。

通俗的な意味では、僭主とは、暴力を背景に、正義や法律を無視して統治する国王のことである。正確な意味では、僭主とは、権利なくして、王権をわがものとする一個人のことである。ギリシア人は、この僭主という語をこのように理解していた。彼らは、合法的な根拠なしに君主となった者に対して、明君であろうと暗君であろうと、一様にこの名称を与えた(1)。このように、僭主と簒奪者とは、まったく同意義の二つの語なのである。

(1)「なぜなら、かつて自由が享受されていた国家において、恒久的権力を行使する者は、すべて僭主と考えられ、またそう呼ばれるからである」(コルネリウス・ネポース『ミルティアデス伝』第八章)。なるほどアリストテレスは僭主と国王とを区別し、前者を自分だけの利益のために統治する者、後者を臣民の利益のためにのみ統治する者とした(『ニコマコス倫理学』第八巻第十章)。しかし、一般にギリシアの著作家たちがことごとく僭主という語を別の意味に解していたことは、特にクセノフォンの『ヒエロン』において明らかであるが、このことはさておき、アリストテレスの区別に従えば、世界が始まって以来、いまだかつてただ一人の国王も存在したことがなかった、ということになるだろう。

異なったものに異なった名称を与えるため、私は、王権の簒奪者を僭主、主権の簒奪者を専制君主と呼ぶ。僭主とは、法を侵して王権を奪っても、治めるときは法に従う者であり、専制君主とは、法そのものを越える者である。それゆえ、僭主は専制君主ではないこともありうるが、専制君主はつねに僭主である。

第十一章　政治体の死について

上に述べたようなことは、もっともよく構成された政府にとっても、自然で避けがたい傾向である。スパルタやローマでさえも滅びた以上、いかなる国家が永久の存続を望みえようか。だから、もし長続きのする制度を形成したいなら、それを永遠のものにしようなどと考えてはならない。成功するためには、不可能なことを試みてはならないし、また、人間の所業に、およそ人間の条件が持ちこたえられないような堅牢性を与えようなどと、うぬぼれてもならない。

政治体《コール・ポリチック》は、人間の身体《コール》と同様に、出生が死への門出であって、みずからのうちに破滅の原因を宿している。しかし、どちらの場合にも、構造に強弱の差があり、またそれにともなって寿命に長短の差がある。人間の体格《コンスチチユシオン》〔＝構造〕は自然の所業であり、国家の体制《コンスチチユシオン》〔＝構造〕は人為の所業である。人間の生命を延ばすことは人力ではいかんともしがたいが、国家にとって可能な最良の体制を国家に与えることによって、その生命をできるだけ延ばすことは、人力のなしうるところである。もっともよく構成された国家にも終末はくるだろう。しかし、不測の事故のため寿命の尽きないうちに滅びさえしなければ、他の国家よりも長生きするだろう。

政治体の生命の根源は主権のなかにある。立法権は国家の心臓であり、執行権はすべての部分に運動を与える国家の脳髄である。脳髄が麻痺してしまっても、個人はなお生きることができる。人間は痴愚になっても生きている。しかし、心臓がその機能を停止するやいなや、動物は死んでしまう。

国家はけっして法律によって存続するのではなく、立法権によって存続するのである。昨日の法律は今日は拘束力を持たない。しかし、沈黙は暗黙の同意と推定されるので、主権者が、法律を廃止することができるのに廃止しない場合は、たえずその法律を確認しているものとみなされる。主権者がひとたびこう欲すると宣言したことはすべて、取り消さないかぎり、つねにそれを欲していることになるのである。

それでは、古い法律に対して、人々はなぜあれほどの敬意を払うのか。それは古いということ自体のためである。古い法律がこんなに長らく保存されえたのは、ほかでもなく、それらをつくった古人の意志が卓越していたためだ、と考えざるをえない。もし、主権者が、これらの法律をたえず有益なものと認めてこなかったならば、彼はそれを千回も取り消したであろう。よく構成されたすべての国家においては、法律が力を弱めるどころか、不断に新しい力を獲得してゆくのはこのためである。これらの古い法律は、古いものへの愛好心のおかげで日に日にいっそう尊重すべきものとなってゆく。これに反して、法律が古くなるにつれて力を弱めてゆくようなところではどこでも、そのことが、そこにはもはや立法権は存在せず、国家は生命を失っていることの証明となるのである。

第十二章　主権はいかにして維持されるか

主権者は、立法権以外になんらの力も持たないので、法によってしか行動できない。そして、法は一般意志の真正の行為以外の何ものでもないのだから、主権者は人民が集会したときのほかは、主権者として行動しえない。人民の集会！　とんでもない妄想だ！　と人は言うだろう。今日では、それは妄想である。だが、二千年前にはそうではなかったのだ。人間はその本性を変えたのだろうか。

精神的な事柄においては、可能性の限界は、われわれが考えるほど狭いものではない。この限界を狭くしているものは、われわれの弱さ、悪徳、偏見なのである。下劣な人間は、偉大な人物が存在していることをけっして信じない。卑屈な奴隷のなかには、自由という語を聞いてせせら笑う者もいる。

これまでに行なわれたことを基にしてこれから何が行なわれうるかを考えてみよう。古代ギリシアの諸共和国については語るまい。だが、ローマ共和国は大きな国家であったし、ローマ市は大都会であった、と私には思われる。最終の住民調査は、ローマに四十万の武装可能な市民がいたことを示している。また、最終の帝国人口統計は、属領民、外国人、婦人、子供、奴隷を除いて四百万以上の市民を数えている。

この首都とその周辺の膨大な数の人民がしばしば集会するのは、どんなに困難であったかと、人は想像するであろう。ところが、ローマの人民が集会を持たないで過ごした週はほとんどなく、それどころか、週に数回集会することさえあった。ローマの人民は、主権者としての諸権利だけでなく、政府の諸権利をも一部行使した。彼らはある種の政務を処理したし、ある種の訴訟事件も裁きもした。そして、この人民全体は、市民として集まるのとほとんど同じくらい頻繁に、行政官として、公共の広場に集まっていた。

諸国民の最初の時代にさかのぼってみると、むかしの政府の大部分は、マケドニア人やフランス人の政府のような君主政の場合でさえも、〔ローマと〕同じような会議を持っていたことがわかるだろう。それはともかく、この〔ローマ市民の集会という〕争う余地のない一つの事実だけでも、あらゆる難問に対する回答となる〔確認された〕存在から可能性を推論してゆくなら、その帰結は正しいと私には思われる。

第十三章　主権はいかにして維持されるか（続き）(四七)

人民の集会が、一連の法律に承認を与えることによって、ひとたび国家の構造を定めても、それだけで十分ではない。同じ集会が、恒久的な政府を設け、または、行政官の選挙方法を最終的に用意しても、それでも十分ではない。不測の事態に対して緊急に対処するための臨時集会のほかに、どんなことが起こっても廃止したり延期したりすることのできないような、定例の周期的な集会が必要である。すなわち、定められた日に、人民が法によって正規に召集され、そのためには他のいかなる召集の手続きをも必要としないような集会である。

しかし、定期的に開かれるということだけで適法となる以上の集会を除けば、人民のあらゆる集会は、召集のために置かれた行政官が、あらかじめ定められた形式に従って召集したものでないかぎり、違法とみなされなければならない。また、違法な集会で行なわれたことは、すべて無効とみなされなければならない。集会を召集する命令そのものが、法から発したものでなければならないからである。

合法的な集会の開かれる回数をどれくらいにするかについては、多くのことを考慮に入れなければならないので、その点について、厳密な規準を設けることはできないであろう。ただ一般的に言えることは、政府が強力であればあるほど、主権者もいっそう頻繁に自己の意志を表示しなければならない、ということである。

ただ一つの都市なら、そういうことでよいかもしれないが、国家が多くの都市を包含する場合にはどうするのか。主権を分割するのか、それとも、ただ一つの都市に主権を集中して、他のすべての都市にそれを従属させるべきなのか。そう問う人もあろう。

どちらもいけない、と私は答える。第一に、主権は単一であり、これを分割すれば、かならず破壊することになる。第二に、一つの都市は、一国民と同じく、他の都市に合法的に従属することはできない。なぜなら、政治の本質は、服従と自由が合致することにあり、臣民と主権者という二つの語は盾の両面をあらわしていて、両者の意味は、市民という単一の語によって統合されているからである。

さらに、私は次のように答える。多くの都市をただ一つの都市国家に結合することも、やはり悪であって、そのような結合を望みながら、このために自然に生ずる不都合を回避することもできる、などとうぬぼれてはならない、と。〔それを避けるために〕小国しか望まない者に対しては、大国の弊害を説く必要はない。それでは、〔小国にとって必要な〕大国に抵抗しうる力を、小国に与えるためにはどうしたらよいか。そのためには、かつてギリシアの諸都市が〔ペルシアの〕大王に抵抗したように、また近くはオランダやスイスがオーストリア王家に抵抗したようにすればよい。（四八）

しかしながら、国家を適当な限界にまで縮小することができないにしても、なお一つの方策が残されている。それは、断じて首都の存在を許さないことだ。すなわち、政府の所在地を交替で各都市に回し、そこで順番に国家の会議を召集することである。

国土にむらなく人口を分布し、国中にあまねく同一の権利をゆきわたらせ、またいたるところに豊かさと生命とをもたらすがよい。そうすれば、国家は、及ぶかぎりもっとも強力になるとともに、もっともよく統治されるようになるだろう。都市の城壁は、農家を取り壊した残骸によってのみ築かれることを忘れてはいけない。首都に宮殿がそびえるのを見るたびに、私は田園がことごとく廃墟と化するのを見るような気がする。

第十四章　主権はいかにして維持されるか（続き）

人民が主権者の団体として合法的に集合するやいなや、政府のいかなる裁判権も中止し、執行権は停止されて、最下層の市民の身体といえども、最高の行政官の身体と同じく神聖で不可侵なものとなる。なぜなら、代表される者が、みずから出席しているところには、もはや代表者というものは存在しないからである。ローマの民会で起こった騒ぎの大部分は、この規則を知らなかったか、あるいは無視したために生じたものである。このような場合には、執行官も人民の議長にすぎず、

護民官はたんなる弁士であり、元老院は完全に無用であった。(1)

(1) 今日、イギリスの議会でこの名称に与えられている意味と、ほとんど同じ意味で用いている。執政官と護民官の職務はよく似ているから、たとえいっさいの権限が停止されたときでも、両者は相争ったであろう。(四九)

統治者《プランス》はこの停止期間中、現状での上位者を承認するか、あるいは承認すべきだとされているから、この期間は、統治者にとってつねにいとわしいものであった。そこで、政治体の盾であり政府の轡《くつわ》であるこの人民の集会は、いつの時代にも首長たちの恐れるところであった。だから、彼らは市民たちの集会する意欲をくじくために、監督、反対、妨害、甘言をけっして惜しみはしなかった。市民たちが貪欲で怠惰で臆病で、自由よりも安穏を好むときには、政府の強まる圧力に対して長く持ちこたえることができない。こうして〔政府の〕対抗力がたえず増大してゆくと、主権はついには消滅するにいたり、都市国家の大部分は、寿命を待たずに没落し、滅亡するのである。

しかし、主権と専制政府とのあいだに、ときとして中間の権力が導入されることがあるので、これについて述べなければならない。

第十五章　代議士または代表者について

公共の職務が、市民たちの主要な仕事でなくなり、また市民たちが自分の身体で奉仕するよりも、自分の財布で奉仕するほうを好むようになると、そのときにはもはや国家は滅亡に瀕しているのである。戦闘に赴かなければならないとしようか。彼らは軍隊に金を払って、自分は家に残る。会議に出向かなければならないとしようか。彼らは代議士を任命して、自分は家に残る。怠惰と金銭のおかげで、彼らはついには兵隊を雇って祖国を奴隷化したのである。

商業や工芸に心を奪われたり、金もうけを渇望したり、軟弱で安楽を好んだりすると、身体をもって果たすべき職務を金銭で果たそうとするようになる。人々は思いのままに利潤を増加させようとして、その一部を放棄する。〔職務を果たす代わりに〕金を出してみるがよい。やがて諸君は鉄鎖につながれるだろう。あの財政（五〇）という語は、奴隷の言葉であって、都市《シテ》〔国家〕においては知られていなかった。真に自由な国では、市民は自分の手ですべてを行ない、金銭ずくでは何一つ行なわない。彼らは自分の義務を免れるために金を払うどころか、義務を自分で果たさせてもらうためには、金を払うことも辞さないだろう。私は一般の意見とはかなりかけ離れた考えを持っている。私は賦役のほうが租税よりも自由に反することが少ない、と信じている。

国家がよく構成されていればいるほど、市民の心のなかでは、公共の問題が私的な問題よりも優越してゆく。私的な問題ははるかに減少しさえする。なぜなら、共同の幸福の総和が、各個人の幸福にとっていっそう大きな部分を占めるようになるので、各個人が個別的に配慮して自分の幸福を求める必要は少なくなるからである。うまく運営されている都市国家では、各人は集会へ駆けつけてゆくものだが、悪い政府のもとでは、だれもそこへ赴くために一足でも足を進める気になれない。なぜなら、そこで行なわれることにだれも関心を持たないし、また、そこでは一般意志が支配しないことがはじめからわかっているし、最後に、家事にすっかり忙殺されているからである。良法は、ますますよい法律をつくるが、悪法は、さらに悪い法律をもたらす。国事について、だれかが「私の知ったことか」などと言いだすやいなや、国家は滅びてしまったものと考えるべきである。

祖国愛の減退、私的な利益の活力、国土の広大さ、征服、政府の職権乱用が、国民の集会に人民の代議士または代表者を送るという方法を考えつかせた。(五一)ある国では、これらの人々のことをあえて第三身分と呼んでいる。こうなると、〔僧侶と貴族の〕二つの身分の特殊な利益が第一位と第二位に置かれ、公共の利益は第三位でしかなくなる。

主権は代表されえないが、それは、主権を譲り渡すことができないのと同じ理由による。主権は、本質上、一般意志のなかに存する。ところで、意志というものはけっして代表されはしない。意志は同じもの〔＝同じ主体に属する意志〕であるか、そうでなければ別のもの〔＝別の主体に属する意志〕であって、そこには中間というものはない。だから、人民の代議士は、人民の代表者ではないし、代表者たりえない。彼らは、人民の代理人であるにすぎない。彼らは何ごとをも最終的に取り決めることはできない。人民がみずから承認したものでない法律は、すべて無効であり、断じて法律ではない。イギリス人民は、自分たちは自由だと思っているが、それは大間違いである。彼らが自由なのは、議員を選挙するあいだだけのことで、議員が選ばれてしまうと、彼らは奴隷となり、何ものでもなくなる。自由であるこの短い期間に、彼らが自由をどう用いているかを見れば、自由を失うのも当然と思われる。

　代表者という着想は近世のものである。それは封建政体、すなわちあの不正で不条理な政体から今日に受け継がれている。この政体のもとでは、人間は堕落しており、人間《オム》という名称も〔臣下《オム》を意味していたので〕屈辱的なものであった。古代の共和国においては、いや君主国においてさえ、人民はけっして代表者を持たなかった。こうした語を、人々は知らなかったのだ。はなはだ奇妙なことにローマでは、護民官はきわめて神聖視されていたにもかかわらず、彼らが人民の職能を横領することができようなどとは想像もされなかった。また、護民官は〔民会の〕あれほどの大群衆のなかにいながら、人民投票にかけられる議案を、自分たちの独断で通過させようとしたことは一度もなかった。もっとも、集まる人々が多過ぎるために、ときとして混乱が生じたことは、グラックス兄弟(五二)の時代に起こった出来事で、市民の一部が屋根の上から投票したという事実によっても、およそ察しがつく。
権利と自由がすべてであるところでは、さまざまの不都合も、ものの数ではない。この賢明な人民のなかでは、すべての職能が適正な限界内に配置されていた。人民は、護民官でさえもあえてしなかったことを先駆警吏《リクトール》(五三)にさせていたが、その先駆警吏たちが、人民を代表しようと望みはしないか、などと心配する必要はなかった。(五四)

しかしながら、護民官がときには人民を代表したが、これを説明するためには、政府が〔現在〕どうして主権者を代表しているかを考えれば十分である。法律は一般意志の表明にほかならないから、立法権において人民が代表されえないことは明らかである。しかし、法を実行に移すための力にすぎない執行権においては、人民は代表されうるし、また代表されなければならない。これによってわかることは、事態をよく検討してみると、法律を持っている国民はごくわずかしかない、ということである。それはともかく、護民官は、執行権の行使においていかなる役割をも演じなかったのだから、彼らはその職務上の権利によってローマ人民を代表することは一度もできなかったが、ただ元老院の権限を横領した場合だけ、人民を代表しえたことは確かである。

ギリシア人にあっては、人民のなすべきことはすべて人民みずからが行なった。人民はたえず広場で集会した。彼らは温暖な風土に住み、少しも貪欲ではなかった。労働は奴隷が代わって行なっていた。人民の大問題は、彼らの自由であった。ギリシア人と同じ利点を、もはや持たない国においては、どうすれば同じ権利を保存できるのだろうか。諸君の風土はいっそう厳しいので、必要とするものもそれだけ多い。[1] 一年のうち六か月は、公共の広場は使えない。諸君の歯切れの悪い言語は、戸外ではよく聞き取れない。諸君は自由よりも利得に重きを置く。そして奴隷状態よりも貧乏生活のほうを、はるかに恐れている。

(1) 寒い国で近東諸国の奢侈と柔弱を採用しようとするのは、みずから好んで近東風の鉄鎖を身につけることだ。しかも、鉄鎖に縛られる必然性は、寒い国ではいっそう強い。

なんだって！　自由は奴隷の助けがなければ維持できないのか。おそらくそうである。両極端は相接する。自然のなかに存在しないものには、すべて不都合がついてまわるが、市民社会は他の何ものにもましてそうなのである。他人の自由を犠牲にしなければ自分の自由を保つことができず、奴隷が極端に奴隷的でなければ市民は完全に自由ではありえないという、まことに不幸な状況がある。スパルタの状況がそれであった。諸君のような近代の人民について言えば、諸君は奴隷を一人も持っていないが、諸君自身が奴隷なのである。諸君は自分の自由を売って奴隷の自由を買っているのだ。このほうがよいと自慢してもむだである。私はその選択のなかに人間愛よりもむしろ卑屈さを見いだす。

だからと言って、私は奴隷が必要であるとも、奴隷権が正当であるとも言っているのではない。

私は逆のことをすでに証明したのだから。(五五) 私はただ、みずからが自由だと信じている近代の人民が、なにゆえに代表者を持ち、古代の人民が、なにゆえにそのようなものを持たなかったか、という理由を述べているにすぎない。それはともかく、人民は代表者を持つやいなや、もはや自由ではなくなる。もはや人民は存在しなくなるのである。(五六)

すべてをよく検討してみると、われわれの国において、主権者がその権利の行使を保持してゆくことは、都市〔国家〕《シテ》がきわめて小さい場合を除いて、今後は不可能であるように、(五七) 私には思える。しかし、非常に小さければ、征服されはしないだろうか。いや、そうではない。私は、大国の対外的な力と、小国の容易な統治や良好な秩序とを、どうすれば結びつけることができるかを、あとに示すことにしよう。(1)

（1）これは、私が、本書の続篇(五八)において対外関係を論じ、連邦制度(五九)に及ぶときに、取り扱おうと企てていたことである。それはまったく新しい主題であって、その原理は今後打ち建ててゆかなければならない。

第十六章　政府の設立はけっして契約ではないこと

立法権が、ひとたび確立されると、次に問題になるのは、執行権を同様にして確立することである。なぜなら、後者は、特殊的な行為によってのみ発効するものであって、立法権の本質を成すものではなく、本来別個のものだからである。もし、主権者が、主権者としての存在を認められているままで、同時に執行権を持つことが可能であるならば、権利と事実が著しく混同され、何が法であり、何が法でないかを、もはや見分けることができなくなるだろう。そして、このように本性から逸脱した政治体は、元来は暴力を防ぐために設けられたものなのに、たちまち暴力のえじきとなってしまうだろう。

市民は社会契約によってすべて平等であるから、すべての人がなすべきことを、すべての人が命令することができるが、これに反して、何びとも、自分自身が行なわないことを、他人に行なえと要求する権利を持ってはいない。ところが、主権者が政府を設立するにあたって統治者に与えるのが、まさしくこの権利であって、これは政治体に生命と運動を与えるために不可欠のものなのである。

多くの人々が(六〇)、この政府設立という行為は、人民と人民が選ぶ首長たちとのあいだの契約である、と主張してきた。すなわち、一方は命令する義務を負い、他方は服従する義務を負うための条件を、両当事者間に定める契約だと言う。これは奇妙な契約の結び方だ(六一)、と人々は一致して言うだろう。私はそう確信する。しかしともかく、こうした見解が根拠のあるものかどうかを、次に調べよう。

第一に、至上権は譲り渡すことができないのと同じく、変更することもできない。それを制限することは、それを破壊することである。主権者が、進んで上位者を選ぶなどということは、背理であり、矛盾している。主人への服従の義務を認めることは、完全な自由〔＝自然的自由〕に帰ることにほかならない。

さらに、人民とだれそれという人たちとのこの契約が、特殊的な行為であることは明らかである。そこから、この契約は法律ではありえないし、主権の行為でもありえず、したがって、非合法であるということになろう。

なおまた、この契約者たちは、ただ自然の法のもとにあるというだけで、彼らの相互の約束にはなんの保証もない、ということがわかる。この状態はどう見ても社会状態とは相入れない。力を掌握する人間は、つねにその力を思うままに行使できるから、これでは、他人に次のように言う人間の行為にも、契約という名称を与えてもよいことになってしまう。すなわち「あなたに、私の財産を全部差し上げます。あなたのお気に召すだけの分を、私に返してくださるという条件で」と。

国家には、ただ一つの契約しかない。それは結社の契約であって、この契約しかないということから、他のどんな契約も排除される。前者〔＝社会契約〕の侵犯とならないような、他のいかなる公共の契約も想像することはできない。

第十七章　政府の設立について

それでは、政府を設立する行為を、どのような観点から考えるべきであろうか。私はまず、この行為は複合的であって、他の二つの行為、すなわち、法の制定と法の執行からなっていることを指摘しよう。

第一の行為によって、主権者は、かくかくの形態のもとに政府という団体が設けられるべきことを定める。この行為が法であることは明らかである。

第二の行為によって、人民は、設立された政府をゆだねるべき首長たちを任命する。ところで、この任命は特殊的な行為であるから、第二の法ではなくて、たんに第一の法の帰結であり、政府の一つの機能である。

難問ではあるが、政府が存在する以前に、どうして政府の行為がありうるのか、また、主権者もしくは臣民であるにすぎない人民が、どうして特定の状況のもとでは統治者または行政官となりうるのかを、理解する必要がある。

なおこの点において、一見矛盾したさまざまな作用を調和させる政治体の驚くべき特性の一つが見いだされる。というのは、この特性は、主権が民主政へと急激に転換する時点で現実化するからであり、こうして、なんらの目立った変化もなしに、ただ全員の全員に対する新しい関係が生ずるだけで、市民は行政官となって、一般的行為から特殊的行為へ、法からその執行へと移るのである。

この関係の変化は、実例を欠いた精緻な思弁の作品ではけっしてない。それは、イギリスの議会では毎日起こっている。そこでは、ある場合には、下院は諸問題をもっと十分に討議するために、全院が委員会に変わり、一瞬まえまでは主権者会議であったものが、このようにたんなる委員会になってしまう。こうして、下院は、全院委員会で、取り決めたばかりのことを、今度は衆議院としての自分自身に報告し、別の資格においてすでに解決したことを、もう一方の資格において新たに審議するのである。

このように、一般意志の単一の行為によって現実に政府が設立されうるということ、これが民主政体に特有の利点である。そのあとで、この仮の政府は、その〔民主政の〕形態が採用されることになれば、そのまま政権をとり、そうでなければ、法によって規定された政府を、主権者の名において設立する。こうして、万事が規定どおりに行なわれる、これ以外の方法によって、合法的に、しかも、以上に定めた諸原理を放棄することなしに、政府を設立することは不可能である。

第十八章　政府の簒奪行為を防ぐ手段

以上の説明から、次のような結果が出てくるが、これは第十六章で述べたことを確認するものである。すなわち、政府を設立する行為は、けっして契約ではなくて、一つの法であること、執行権を委託された人々は、けっして人民の主人ではなく、その公僕であること、人民は、好きなときに、彼らを任命し、また解任しうること、〔公僕である〕彼らにとって、問題は契約することではなく、服従することであること、彼らが国家から課せられた職務を引き受ける場合、彼らはただ市民としての義務を果たしているにすぎず、その条件についてとやかく言う、どんな権利も持ってはいないこと、以上である。

だから、たまたま人民が世襲の政府を設ける場合、それが一家族による君主政であろうと、市民の一階級による貴族政であろうと、人民が行なったことはけっして約束ではない。それは、人民が別の統治形態をとろうという気を起こすまで、人民が統治機関に与えた仮の形態にすぎないのである。

このような変革はつねに危険なものであって、公共の福祉と両立しなくなるまでは、けっして既存の政体に手を触れてはならない、ということは事実である。しかし、この自重は政策上の格率であって、法律上の規則ではない。すなわち、国家は、軍事的権力を、将軍たちにゆだねておく義務を負わないのと同様に、政治的権力を、首長たちにゆだねておく義務も持ってはいない。

さらに、このような場合、正規の合法的な行為を暴動から区別し、人民全体の意志を、一徒党の不平の叫びから区別するために、必要とされるあらゆる手続きを、どんなに慎重に守っても、慎重に過ぎるということがないのも、やはり真実である。とりわけこの場合は、権利をできるかぎり厳格に解釈して、それでも拒みえない権利を、不穏な要求に認める程度にとどめなければならない。ところが、この〔自重の〕義務はまた、統治者が大いにつけ込むところであって、人民の意志に反して権力を保持しながら、人民の権利を簒奪したとは言わせないようにすることができる。というのは、統治者が自分の権利だけしか行使していないように見せかけながら、じつはその権利を拡張し、公安の維持という口実のもとで、正しい秩序を回復するための集会を阻止することは、統治者にとっては、いともたやすいことである。こうして統治者は、沈黙を破ることを禁じておいて、その沈黙を利用し、あるいは、わざと不正行為を犯させておいて、この不正行為を利用し、その結果、恐怖のために黙している者は、是認しているのだと勝手に決めこみ、あえて口を開く者は処罰するのである。ローマの十大官は、当初は一年の任期で選ばれたにもかかわらず、ついでもう一年いすわったが、彼らの手口は上述のとおりであって、民会に対して集合をもはや許可せず、自己の権力を永久に保持しようと試みたのであった。また、世界中のすべての政府は、ひとたび公共の権力を付与されると、この容易な手段によって、遅かれ早かれ主権を簒奪するのである。

私が先に述べた定期集会(六二)は、この不幸を予防し、あるいはその到来を遅らせるのに適している。集会が召集手続きを必要としない場合は、特にそうである。なぜなら、その場合統治者が集会を阻止すれば、自分が法の侵犯者であり、国家の敵であることを、公然と宣言することにならざるをえないからである。

社会契約の維持のみを目的とするこの集会は、開会にあたって、つねに次の二つの議案を提出しなければならない。これらはけっして省略されてはならないし、また、二つは別々に投票に付されなければならない。

第一の議案――主権者は、政府の現在の形態を保持することをよしとするか。

第二の議案(六三)――人民は、現に統治をゆだねられている人々に、今後もそれをゆだねることをよしとするか。

私はここで、すでに私が証明したと思っていることを前提としている。すなわち、国家には廃止できないような基本法は何一つなく、社会契約でさえも例外ではない、ということである(六四)。なぜなら、もし全市民が集会して満場一致でこの契約を破棄する(六五)のであれば、この破棄がきわめて適法的であることは疑いの余地がないからである。グロチウスは、各人はその属する国家を見捨て、国外に出ることによって、自分の自然的自由と財産とを回復しうるとさえ考えている(1)。ところで、各市民が別々になしうることを、集合した市民全体がなしえないとすれば、それは筋の通らない話である。

（1） もちろん、義務を回避するためや、祖国がわれわれを必要としているさい〔＝戦時〕、祖国に奉仕することを免れるために、国を去ることはできない。この場合の逃走は犯罪であり、罰せられるべきであろう。それはもはや退却ではなくて脱走である。

第三篇終わり

第四篇

第一章　一般意志は破壊できないこと

多数の人間が結合して、自分たちを一体であると考えているかぎり、彼らは共同体の保存と全体の福祉とにかかわるただ一つの意志しか持っていない。そのときには、国家のあらゆる原動力は活気に満ち、単純であり、国家の格率は明快であって、光り輝いている。利害の混乱や矛盾はまったくない。共同の福祉はいたるところに明白に現われており、これを認めるには、常識さえあればよい。平和と団結と平等は、政治家の巧妙な手管の敵である。正直で単純な人々は、その単純さのゆえにだまされにくい。術策も巧みな口実も彼らをだますことはできない。彼らには欺かれるだけのずるさすらないのである。この世でもっとも幸福な国民（一）のあいだで、農民の群が樫の木の下で国事を取り決め、いつも賢明にふるまっているのを見ると、技巧や秘策を使いこなして、有名にもなるが不幸にもなる他の諸国民の手のこんだ方式を、軽蔑しないでいられようか。

このように治められている国家は、ごくわずかの法律しか必要としない。そして、新しい法律を公布する必要が迫ってくるにつれて、この必要はだれにも見えてくる。それを提案する最初の者は、すべての人々が、すでに感じていたことを口に出すにすぎない。それで、各人が他人も自分と同じようにするだろうと確信するとき、各人が実行しようとすでに決心していることをそのまま法律化するのであるから、法案を通過させるためには、術策も雄弁も問題ではない。

理論家たちが誤りに陥るのは次のような理由からである。すなわち、彼らは、建国の当初からまずく構成されている国家しか見ていないので、上に述べたような政治形態をそこで維持することは不可能だと思いこんでいる。彼らは、抜け目のない偽善者やうまく取り入る弁舌家の口車に乗せられて、パリやロンドンの民衆が演ずるかもしれないような、ありとあらゆる愚行を想像して笑う。彼らは、ベルンの民衆ならクロムウェルを首に鈴をつけて使役する刑に処したであろうし、ジュネーヴ人ならボーフォール公（二）を矯正院へ送ったであろう、ということを知らないのである。

しかし、社会の結び目がゆるみ始め、国家が衰え始めるとき、また、特殊な利益が意識に上り始め、いくつかの小社会〔=徒党〕が大社会に影響を及ぼし始めるとき（三）、共同の利益は実質を失い、それに敵対する者が出てくる。投票においても、もはや全員一致が支配することはなく、一般意志はもはや全体の意志ではなくなる。対立や論争が起こり、どんなに立派な意見でも、論争なしには通らなくなる。

最後に、国家が滅亡に近づいて、もはや偽瞞的で空虚な形でしか存続しなくなり、社会のきずながすべての人々の心のなかで断ち切られ、もっとも卑しい利害さえもが厚かましくも公共の福祉という神聖な名で身を装うようになると、そのときには、一般意志は口がきけなくなってしまう。すべての人々は、隠れた動機に導かれ、まるで国家が存在しなかったかのように、もはや市民として意見を述べることはなくなる。そして、特殊な利益しか目的としない不正な命令が、法律という名のもとに誤って可決されてしまう。

だからといって、一般意志が滅亡した、あるいは腐敗した、ということになるだろうか。そうではない。一般意志はつねに健在であり、不変で、純粋である。だが、一般意志は、それに打ち勝つ他の意志に従属せしめられているのだ。各人は自己の利益を共同の利益から引き離しながらも、共同の利益からまったく離れてしまうことはできない、ということをよく知っている。だが、彼にとっては、わがものにするつもりの自分だけの幸福《ビアン》にくらべれば、公共の不幸から彼が受ける不幸の分け前は、なんでもないように見える。この特殊な幸福を除けば、彼も、自己自身の利益のために、全体の幸福をだれにも劣らず望んでいるのである。自分の投票を金で売るときでさえ、彼は自分のなかの一般意志を消し去ったのではない。彼はそれを回避したのである。彼の犯した過ちは、質問の形を変えて、尋ねられたこととは別のことを答えたという点にある。つまり、彼は、投票を通じて、「これが国家にとって有益である」と言う代わりに、「これこれの意見が可決されれば、これこれの人または党派にとって有益である」と言っているのである。そこで、集会での公の秩序を守るための戒律は、その集会において一般意志を維持することよりも、むしろ一般意志がつねに意見を求められ、つねに答えるように仕向けることである。

私はここで、主権の行為そのものとしての投票という単純な権利、すなわち何びとといえども市民から奪うことのできないこの権利について、また、自分の意見を表明し、提案し、〔議事を〕分割し、討議する権利[四]、すなわち政府がつねに細心の注意を払って、政府の構成員にしか認めまいとしている権利について、多くの考察を行なうべきかもしれない。しかし、このような重要な問題は、別の論文を必要とするであろう。だから、私はここですべてを語ることはできない。

第二章　投票について

前章で述べたことから、公の問題の扱い方が、政治体の品性と健康の現状に関するかなり確かな指標となりうることがわかる。集会において、調和が支配していればいるほど、すなわち、意見が満場一致に近づけば近づくほど、一般意志もまた、それだけ優勢である。これに反して、長い討論や紛糾や喧騒は、特殊な利益の台頭と国家の衰退を告げている。

このこと〔=上述の指標〕は、二つまたはそれ以上の身分が、国家の構成のなかに入ってくる場合には、それほどはっきり現われないようである。たとえば、ローマには貴族と平民の二つの身分があって、その間の抗争は、共和国の全盛期においてさえ、しばしば民会《コミティア》を混乱させた。しかし、この場合はじっさいの例外であるというより、外見上の例外にとどまる。なぜなら、その当時は、政治体に内在する欠陥のために、いわば一つの国家のなかに二つの国家があったからである。二つがいっしょになると当てはまらないことも、相互に隔離されたおのおのについては当てはまる。じじつ、もっとも混乱していた時代においてさえ、元老院が口出ししない場合には、民会での人民の議決は、つねに平穏のうちに、圧倒的多数をもって通過した。市民たちが一つの利害しか持たなかったのだから、人民は一つの意志しか持たなかったわけである。

これと正反対の場合にも、全員一致が見られる。それは、市民が奴隷状態に陥って、もはや自由も意志も持たなくなった場合である。そのときには、恐れとへつらいが、投票を喝采に変えてしまう。もはや討議は行なわれず、崇拝か呪詛があるだけとなる。ローマの帝政下の元老院では、このような卑しい仕方で意見の表明が行なわれていた。ときには、それは滑稽なほど周到に行なわれた。タキトゥスによると、(五)オットー帝の時代に、元老院議員たちは、ヴィテリウスを口をきわめて罵倒しながら、同時にわざと議場をひどい喧騒におとしいれて、万一彼が支配者になったとしても、だれが何を言ったか彼にはわからないようにした、ということである。

こうしたさまざまの考察から、一般意志を見分けることの難易と、国家の衰退の程度とに応じて、票数を計算し、意見を比較する方法を定めるために依拠すべき格率が生まれてくる。

全員一致の同意を〔成立にあたって〕必要とする法は、その本性からいって、ただ一つしかない。それは社会契約である。なぜなら、市民の結合《アソシアシオン・シヴィル》は、あらゆるもののなかでもっとも自発的な行為だからである。いかなる人間も生まれながらにして自由であり、自己自身の主人であるから、何びとも、彼の同意なしには、どんな口実のもとでも彼を服従させることはできない[六]。奴隷の息子は生まれながらに奴隷だと決めてしまうことは、彼が人間として生まれたのではないと決めてしまうことである[七]。

だから、たとえば社会契約を結ぶときに反対者がいても、彼らの反対は契約を無効にするものではなく、それはただ、彼らがその契約に含まれることを妨げるだけである。彼らは市民のなかの外国人である。国家が設立されたときからは、そこに居住しているということ自体が、その国家を承認していることになる。国土に住むこと、それは主権に従うことである[1]。

（1）このことは、自由な国家の場合だけに当てはまるとすべきである。なぜなら、自由な国家以外のところでは、家族、財産、避難所の欠如、生活上の必要、暴力が、住民をその意に反して、国内にとどまらすことがありうるからである。そして、その場合には、彼がそこにとどまっているということだけでは、もはや契約に同意したものとも、あるいは契約の破棄に同意したものとも想定することはできない。

この原初の契約を除けば、最多数者の意志が、つねに他のあらゆる人々を拘束する。それはこの契約自体の帰結である。しかし、ある人が自由でありながら、自分の意志ではない意志に服従を強制されるということがどうして起こりうるのか、と問う人がある。反対者たちは自由でありながら、どうして自分たちが同意しなかった法律に従うのか。

問題の出し方が悪いのだ、と私は答える。市民は、すべての法律、彼の反対にもかかわらず通過した法律にさえ、また彼がそのどれかに違反したときには罰せられる法律にさえ、同意しているのである。国家のすべての構成員の不変の意志が一般意志であり、この一般意志によってこそ、彼らは市民であり、自由なのだ。[1] ある法が人民の集会に提案されるとき、人民に問われていることは、正確には、彼らが提案を承認するか拒絶するかということではなくて、それが人民の意志たる一般意志に合致しているかいないか、ということなのである。各人は投票を通じて、これについてのみずからの意見を述べる。だから、票数の計算によって、一般意志が表明されたことになる。したがって、私の意見と反対の意見が勝つ場合には、それは、私が思い違いをしていたこと、私が一般意志だと思っていたものがじつはそうではなかったということを、証明しているにすぎない。もし、私の個人的意見が一般意志に勝ったとすれば、私は自分が望んでいたのとは別のことをしたことになるだろう。その場合には、私は自由ではなかったことになる。

（1） ジェノヴァでは、監獄の前門と、ガレー船の囚人の鉄枷に、この自由という語がしるされている。この標語の用い方は巧みであり、また正しい。じっさい、市民が自由であることを妨げるのは、あらゆる階級にいる悪人たちだけである。こうした連中がすべてガレー船につながれているような国では、人々はもっとも完全な自由を享受できるだろう。

なるほど、このことは、一般意志の特徴のすべてが、なおまだ多数者のなかに存在していることを前提としたうえでの話である。これらが多数者のなかに存在しない場合には、どの派につこうと、もはや自由はない。

先に私は、公の討議のさいに、どのようにして特殊意志が一般意志にとって代わるかを示して、この弊害を防ぐ実際的な手段をすでに十分指摘しておいた(八)。この点については、あとでまた述べることにしよう(九)。一般意志の表明とみなすためには、どれだけの割合の票数が必要とされるかについても、その割合を決定しうる原則を示しておいた。ただ一票の差でも賛否同数が破れるし、ただ一票の反対でも全員一致が破れる。もっとも、全員一致と賛否同数とのあいだにある賛否の票の割れ方は多様であるから、政治体の状態と必要に応じ、いずれかの割れ方をもって、〔一般意志とみなすのに〕必要な票数であると定めればよい。

二つの一般的な格率が、この比例を決めるのに役立ちうる。一つは、討議が重要で深刻なものであればあるほど、勝を占める意見は、全員一致に近づかなければならないということであり、もう一つは、検討されている問題が迅速な決定を迫っているものであればあるほど、賛否の取り方についてあらかじめ定められている差をいっそう狭めなければならない、ということ、すなわち、即決を要する討議においては、ただの一票でも多ければ、十分としなければならない、ということである。これらの格率のうち、第一のものは、法律を定める場合にいっそう適しており、第二のものは、政務を決める場合にいっそう適しているように思われる。(一〇)いずれにせよ、この二つの格率の組み合わせにもとづいて、議決に必要な多数を定める最良の割合が決定される。

第三章　選挙について

統治者《プランス》および行政官《マジストラ》の選出は、すでに述べたように、(一一)複合的な行為であるが、それを行なうには二つの方法がある。すなわち、選挙と抽籤とである。両者はともにいろいろな共和国で用いられてきた。ヴェネツィアの統領《ドージュ》の選出にさいしては、現在でもなおこの二つの方法がきわめて複雑に入り混じっている。(一二)

「抽籤による選出が民主政の本性にふさわしい」とモンテスキューは言っている。これには私も賛成である。だが、どうしてそうなのか。彼は続けて言う、「抽籤はだれをも傷つけない選出方法であって、各市民に対し、祖国に奉仕できるかもしれないというもっともな希望を与える」(一三)と。しかし、理由はこの点にあるのではない。

首長の選出は政府の職能であって、主権の職能ではないことに注意するならば、なぜ、抽籤による方法が、民主政の本性にいっそうふさわしいかがわかるだろう。というのは、民主政においては、行政は、その行為が簡単であればあるほど、うまくゆくからである。

およそ真の民主政にあっては、行政官の職は、利益ではなく、重荷であって、これを特定の個人だけに押しつけるのは正当であるとは言えない。ただ法のみが、くじに当たった人にこの負担を押しつけることができる。なぜなら、この場合には条件はすべての人にとって平等であり、その選択がどんな人間の意志にも依存していない以上、特殊な〔対象への法の〕適用ではあっても、法の普遍性を損なうようなことにはならないからである。

貴族政においては、統治者が統治者を選び、政府は自分自身によってみずからを維持する。だから、この政体においてこそ、投票がもっとも適している。

ヴェネツィアの統領の選出の例は、この区別の理論を否定するどころか、これを確証するものである。つまり、あの混合した形態は、混合政府に適している。なぜなら、ヴェネツィアの政府を真の貴族政とみなすのは誤りであるから。そこでは、人民がまったく統治に参与していないとしても、貴族そのものが人民なのだ。数多くの貧しいバルナボートたち(一四)は、いかなる行政官の職にも就任する可能性を断たれていたし、その貴族の身分によって、ただ「閣下」という空虚な称号と、大評議会に出席する権利とを持っているにすぎない。この大評議会は、ジュネーヴのわれわれの総評議会(一五)と同じくらい多人数からなっているので、その著名な議員といえども、ジュネーヴのたんなる市民と同程度の特権しか持っていない。この二つの共和国のあいだの極端な相違を除けば、ジュネーヴの町民階級《ブルジョワ》がまさしくヴェネツィアの貴族階級にあたり、ジュネーヴの二世在留民《ナチフ》や在留民《アビタン》(一六)はヴェネツィアの町人《シタダン》と下層民《プーブル》にあたり、ジュネーヴの農民はヴェネツィア共和国の内陸属領の従属民にあたることは確かである。要するに、大きさの点を別にすれば、このヴェネツィア共和国をどのように考えるにしても、その政府はわれわれのものと同様あまり貴族的ではない。異なるところは、われわれは終身の首長を持っていないので、ヴェネツィアのように抽籤の必要さえない、ということだけである。

抽籤による選出は、真の民主政においてはほとんどなんの不都合もないであろう。というのは、そこでは、全員が、政治的原則や財産に関してと同様に、品性や才能に関しても平等であるから、選択はほとんどどうでもよいこととなるであろうから。しかし、すでに述べたように(一七)、真の民主政は、けっして存在したことがなかった。

選挙と抽籤が混用される場合、前者は軍務のような特別の才能を必要とする地位を満たすのに使われるべきであり、後者は司法官職のような、良識、正義、潔白だけで十分な地位に適している。

なぜなら、よく構成された国家においては、これらの資質は市民全部に共通だからである。

君主政体においては、抽籤も投票も行なわれない。君主のみが、当然、唯一の統治者であり、行政官であるのだから、その補佐官の選択権も、君主だけに属している。サン＝ピエール師が、フランスの国王顧問会議の数をふやし、しかもその構成員を投票によって選ぶことを提案したとき(一八)、彼は自分が政体を変えるよう提案しているのだということがわかっていなかった。

残るところは、人民の集会で投票を行ない、それを取り集める方法について述べることであろう。しかし、この点については、おそらくローマの政治組織《ポリス》の歴史が、私に証明できそうないっさいの原則を、もっと明確に説き明かすであろう。二十万人からなる評議会において、公私の問題がどのように取り扱われていたかを、やや詳細に見ることは、公正な読者にとってふさわしくなくはあるまい。

第四章　ローマの民会について(一九)

われわれは、ローマの初期についての十分確かな記録を何一つ持っていない。この時代について言いふらされていることの大部分が、作り話であるとはっきり思わせるふしさえある(1)。そして一般に、民族の年代記のなかでもっとも教訓に富んだ部分は、その建国の歴史であるが、それがわれわれにもっとも欠けている部分なのである。われわれは日々、どんな原因から国家の革命が生まれるかを経験によって教えられている。しかし、形成期にある国民はもはや周囲に存在しないから、どのようにして国民が形成されたかを説明するためには、推測する以外にほとんど方法がない。

(1) ロムルス(Romulus)から由来していると主張されているローマという名称は、ギリシア語であって、力を意味する。ヌマ(Numa)という名称もまたギリシア語であって、法を意味する。この都市の最初の二人の国王が、彼らのつくったものに非常に関係の深い名前をあらかじめ持っていたとは、なんと見えすいたことではないか。

既成の慣行が見いだされるということは、少なくともその慣行に起源があったことを証明している。これらの起源にまでさかのぼる伝承のうち、最大の権威によって支えられ、もっとも有力な理由によって確認されるものが、もっとも確実なものとみなされるべきである。これこそ、地上でもっとも自由であり、もっとも強力であった国民が、その至高の権力をどのように行使したかを探究するにあたって、私が守ろうと努めた格率である。

ローマ建設ののち、生まれたばかりの共和国、すなわち、アルバ人、サビニ人、および外国人からなる建国者〔ロムルス〕の軍隊は、三つの部類に分かたれ、それらはこのように〔三つに〕分けられたために、部族（Tribus）と名づけられた。[二〇]さらに部族のおのおのは、十のクリアに、各クリアはデクリアに細分され、それぞれの頭に、クリオ、デクリオと呼ばれる首長が置かれた。

このほかに、各部族《トリブス》から、ケントゥリア〔＝百人組〕と呼ばれる百人の騎兵もしくは騎士からなる一団が選抜された。このことからわかるように、町のなかではほとんど必要でないこれらの区分は、当初は軍事用のものでしかなかった。しかし、偉大さへ向かう本能が、世界の首都にふさわしい政治組織を、あらかじめ小都市ローマにみずから選ばせたように思われる。

この最初の区分から、やがて不都合が生じた。それは、アルバ人の部族[1]とサビニ人の部族[2]が、いつまでも同じ状態にとどまっていたのに対し、外国人の部族[3]は、彼らがたえまなく流入したために、不断に増大し、まもなく他の二つをしのぐようになったことである。この危険な弊害に対してセルヴィウスが考えた対応策は区分を変えることであった。すなわち、種族による区分を廃し、それに代えて、各部族が住む都市地域による区分を用いた。彼は三部族の代わりに四部族をつくり、そのおのおのはローマの丘の一つずつを占め、丘の名を名のった。こうして彼は、現存の不平等を改めながら、さらに未来に起こる不平等をも防いだ。そして、この区分が、たんに地域だけでなく、人間の区分ともなるように、彼は一地区の住民が他の地区に移ることを禁じた。これにより、諸種族の混同が妨げられた。

（1）ラムネンセス。

(2) タティエンセス。
(3) ルケレス。

彼はまた、従来の三つの騎兵ケントゥリアを倍に増し、さらに十二のケントゥリアを加えたが、それらは依然としてもとの名で呼ばれた。この簡単でしかも賢明な方法によって、彼は、民衆に不平を抱かせることなく、民衆の団体から騎兵の団体を区別することに成功した。

これら四つの都会地区《トリブス》に、セルヴィウスは別に十五の地区を加えた。それらは田園地区と呼ばれたが、それは、十五の区域に分けられた農村の住民からなっていたからである。その後、さらに同数の新しい田園地区がつくられた。それで、ローマ人民は、けっきょく三十五の地区に分けられ、この数は共和政の終わりまで変わらなかった。

都市の地区と田舎の地区とのこの区別から、注目に値する結果が生じた。というのは、このような区別は他に例がなく、ローマはそのおかげで、良俗の維持と支配の拡大とを同時になしえたからである。人は、都会地区がたちまち権力と名誉を独占し、やがて田園地区の格を引き下げたと思うかもしれない。だが、事実はまったく逆であった。(二二) 初期のローマ人が田園生活を愛好していたことはよく知られている。この愛好心は、賢明な建国者から伝えられたものであり、彼は耕作と軍務とを自由に結びつけ、技術、手工業、陰謀、財産、奴隷制を、いわば都市へ追放したのである。

その結果、ローマの有名な人物は、ことごとく田園に住んで、土地を耕していたので、人々は、共和国の支柱となる人物を、田園にしか求めないのが習わしとなった。この職業は、もっとも立派な貴族がたずさわるものであったから、すべての人から尊敬されていた。村人の質素で勤勉な生活が、ローマの町の人の怠惰でだらしのない生活よりも好ましく思われていた。都市ではみじめな無産者にすぎなかった者も、田園で耕していたなら、尊敬すべき市民になれたことであろう。ヴァロ[二二]は言っている、「われわれの偉大な祖先たちが、戦時には彼らを守り、平時には彼らを養った頑丈で勇敢な男たちの養成所を、農村に設けたのは、理由のないことではない」と。プリニウス[二三]は、「田園の地区は、それを構成している人々のゆえに尊敬され、これに対して、卑しむべき怠け者は、恥辱のしるしとして都市の地区に移された」[二四]と明言している。ローマに定住することを望んでやってきたサビニ人のアピウス・クラウディウスは、そこで数々の名誉をかち得、一つの田園地区に登録されるにいたったが、その後、この地区はクラウディウスの家名を名のった。最後に、奴隷から解放された自由民はすべて都会地区に入り、けっして農村地区に入らなかった。また、共和政の全期間を通じて、これらの解放奴隷は、市民となっても、いかなる高官の職にも就いたためしはなかった。

この格率はすばらしかった。だが、あまり極端に押し進められたため、ついに政治組織に変動が、いや確かに悪弊が生じた。

第一に、戸口監察官《ケンソル》（二五）は、市民を一つの地区から他の地区へ勝手に移す権利を、長いあいだわがものとしていたあげく、大部分の市民に好きな地区に登録することを許してしまった。この許可は、確かになんの利益にもならず、戸口監察制度《ケンスス》の大きな原動力の一つを奪ってしまった。そのうえ、高位高官や有力者は、すべて自分を田園地区に登録させ、また、都市地区には、市民となった解放奴隷が平民とともにとどまっていたので、一般に地区は、場所的、地域的性格をもはやなくしてしまった。こうして、どの地区にも異なった地区に属する者が混じってきたので、登録簿による以外には、各地区の構成員をもはや識別できなくなった。その結果、地区という語の意味は土地を指示する内容から、人間を指示する内容へと移った。というより、むしろ、ほとんど架空のものとなってしまった。

さらに、都市地区はほかの地区より影響力が強く、民会ではしばしばもっとも有力な位置を占めていたので、都市地区を構成している下層民の投票をお買い上げになる人々に、国家を売り渡すことになった。

クリアについて言えば、建国者（二六）は各部族に十のクリアをつくったので、当時、都市の城壁内に閉じこめられていた全ローマ人は、三十のクリアからなっていたことになる。クリアのおのおのは、みずからの神殿、神々、役人、司祭、祭典を持っていた。その祭典はコンピタリアと呼ばれ、後に田園地区で行なわれたパガナリアに類するものであった。

セルヴィウスが新しい区分を行なったとき、この三十という数は、自分の設けた四つの地区に平等に分けることができなかったので、彼はそれには手をつけようとしなかった。だから、クリアは、地区とは別に、ローマの住民を分ける区分となった。しかし、田園地区や、それを構成する人民においては、クリアは問題とならなかった。というのは、地区は純粋に民政上の制度となり、また軍隊を徴集するためには別個の制度が導入されていたので、ロムルスの設けた軍事上の区分は余分なものとなったからである。こうして、どんな市民もどれかの地区に登録されはしたけれども、各人がクリアに登録されることはほとんどなかった。

セルヴィウスは、さらに第三の区分を行なった。これはまえの二つとはなんの関係もないが、結果においては、三つのうちもっとも重要な区分となった。彼は、すべてのローマの人民を、場所や人間によってではなく、財産によって六つの階級に分割した。その結果、上位の二階級は富者が占め、下位の二階級は貧者が占め、中間の二階級は中位の財産所有者が占めることになった。これらの六階級は、ケントゥリアと呼ばれる百九十三の別の団体に細分されていた。そして、これらの団体は、最上位の一階級だけで百九十三の半ば以上を含み、最下位の一階級は、たった一つしかつくらないように、各階級に分配されていた。だから、人数ではもっとも少ない階級が、ケントゥリアの数ではもっとも多く、最下位の階級は、それだけでローマの住民の半ば以上を含んでいたにもかかわらず、ただ一つの下位単位〔＝ケントゥリア〕としてしか数えられていなかった。

セルヴィウスは、この最後の分割形態がもたらす結果を人民にあまりはっきり見抜かれないようにするため、それに軍事的な外観をまとわせた。彼は第二の階級に装甲製作者のケントゥリア二つを、第四の階級に武器製作者のケントゥリア二つを入れた。最下位の階級を除いて、彼は、各階級のなかで、青年と老人、すなわち武器をとる義務がある者と、老齢のため法律によってそれを免除されている者とを区別した。この区別は、財産による区別以上に、戸口調査または人口調査をしばしばやり直す必要をもたらした。そこでついに、彼は集会をマルスの野で開いて、兵役年齢層にある者はすべて武装して集まることを求めたのである。

セルヴィウスは、青年と老人というこの区別を最下位の階級にまでは及ぼさなかったが、それは、この階級を構成する下層民には、祖国のために武器をとる名誉が認められていなかったからである。かまどを守る権利を得るためには、かまどを持っていなければならなかった。今日、国王たちの軍隊に光輝を添えている無数の乞食部隊のうちで、兵士が自由の防衛者であった当時なら、ローマの歩兵隊から軽蔑をこめて追いだされなかったような者は、おそらく一人としていないであろう。

とはいえ、この最下位の階級のなかでも、無産者とカピテ・ケンシ〔＝頭数でしか数えられない人々〕と呼ばれる人々とが区別されていた。前者は、完全に無一物というわけではなく、少なくとも国家に若干の市民を供給し、また、さし迫った必要のさいにはときとして兵士をさえ供給した。

まったく何も持たない人々、頭数でしか数えられない人々のほうは、完全に無視されていた。彼らをあえて兵役に就かせたのは、マリウス（二七）が最初であった。

この第三の分類方法が、それ自体としてよかったか悪かったかを、ここでは判定しないにしても、私は次のことは断言できると思う。すなわち、初期のローマの人の質素な習俗、彼らの公平無私、農耕への愛好心、商業や営利欲への軽蔑、これらのみが、この分類を実行可能なものとした、ということである。近代の人民のうちで、その飽くことなき貪欲や、落ち着きのない精神や、陰謀や、不断の移動や、財産のたえまない変動が、国家全体をひっくり返すことなしに、こうした制度を二十年間も存続させうるような人民がどこにあろうか。なお、ローマには、この区分制度よりももっと強力な習俗と戸口監察制度とがあって、区分制度の欠陥を是正したこと、また、富をあまりに見せびらかしたために貧民の階級に落とされた富裕者もあった、ということにも、十分注意しなければならない。

以上述べてきたところから、じっさいには六つの階級があったにもかかわらず、なぜ、ほとんどいつも五つの階級にしか言及されないのかが、容易に理解できる。第六の階級は軍隊に兵士を送ることもなければ、マルスの野（1）に投票者を送ることもなく、共和国のなかではほとんどなんの役にも立っていなかったので、まれにしか物の数に入れられなかったのである。

（1）マルスの野にと言ったのは、そこでケントゥリアの民会が召集されたからである。他の二つの形式の民会では、人民は広場またはその他の場所に集まり、そのさいには、カピテ・ケンシも上級の市民たちと同程度の勢力と権威を持っていた。

ローマ人民についての種々の区分は、以上のとおりであった。次に、これらの区分が諸集会でどんな結果を生みだしたかを見よう。合法的に召集されたこれらの集会は、民会と呼ばれた。それらは普通ローマの広場《フォルム》か、マルスの野で開かれ、集会が組織される三つの形態に応じて、クリアの民会、ケントゥリアの民会、地区《トリブス》の民会に区別された。クリアの民会はロムルスによって、ケントゥリアの民会はセルヴィウスによって、地区《トリブス》の民会は護民官によって、それぞれ創設された制度である。民会においてでなければ、いかなる法律も裁可されず、いかなる行政官も選出されなかった。そして、クリアか、ケントゥリアか、あるいは地区《トリブス》かに登録されていない市民は、ただの一人もいなかったから、したがって、市民である以上、一人として投票権から除外される者はなく、ローマの人民は名実ともに真の主権者であったのである。

民会が合法的に召集されるためには、また、そこで決められたことが法律としての力を持つためには、三つの条件が必要であった。第一は、民会を召集するために必要な権限を付与されている団体または行政官が、召集を行なうことであり、第二は、集会が法律によって許可されている日に行なわれることであり、第三は、占いが吉と出ることであった。

第一の規則の理由は、説明するまでもない。第二は、政治組織の運営にかかわっている。それゆえ、祭日や市の日に民会を開くことは許されなかった。これらの日には、田園の人々は、自分たちの用事のためにローマへくるのだから、公共の広場で一日を過ごすだけの暇を持たなかったのである。第三の規則を利用して、元老院は、自尊心が強く興奮しやすい人民を制御し、また反乱を起こしやすい護民官たちの熱情に時機を選んで水をさした。もっとも、護民官たちは、この拘束から逃れる方法をいくつも見つけだした。

民会の裁定にゆだねられていたのは、たんに法律や首長の選挙だけではなかった。ローマの人民は、政府のもっとも重要ないくつかの職能をもわがものとしていたから、ヨーロッパの運命が、彼らの集会で規制されていたとも言える。このように、対象が多様であったから、決定すべき議題に従って、これらの集会もさまざまな形態をとった。

これらのさまざまな形態について判断を下すためには、それらを比較するだけでよい。ロムルスは、クリアを制定するにあたり、元老院を人民によって、人民を元老院によって抑制しながら、自分自身は等しく両者を支配することをめざしていた。こうして、彼はこの形態によって、貴族《パトリキウス》に残しておいた勢力や富の権威と平衡を保たせるために、人民に数の持ついっさいの権威を与えた。しかし、彼は君主政の精神に従って、貴族のほうにいっそう多くの利益を残した。というのは、貴族の被護民《クリエンテス》の力によって、過半数の票を制することができるからである。この保護者《パトロヌス》と被護民という感嘆すべき制度は、〔二八〕政治と人道との傑作であって、これがなければ、あれほど共和政の精神に反していた貴族制が、存続することはありえなかっただろう。ローマだけが、世界にこのみごとな範例を示す名誉をになった。そこからはけっして悪弊は生まれなかったが、しかし、この範例に従おうとするものはついに現われなかった。

このクリアという集会形態は、セルヴィウスにいたるまで、代々の国王のもとで存続したから、そして、最後のタルクイニウスの治世は正当な王政とは認められなかったから、一般に王政期間の法律はクリアの法という名称で他と区別された。

共和政になっても、クリアはやはり四つの都会地区に限られ、したがってもはやローマの下層民しか含まなかったので、貴族を率いる元老院とも、平民とはいえ富裕な市民を率いる護民官とも、折れ合うことができなかった。こうして、クリアの信用は地に落ち、その衰退ぶりは、クリアの民会のなすべきことを、この民会の〔召集の任を負う〕先駆警吏三十人が集まるだけで取り行なうほどになった。

ケントゥリアによる区分は、貴族政には大変好都合なものであったから、元老院が、どうしてこの名称を持つ民会において、すなわち、執政官や戸口監察官やその他高位の行政官たち〔二九〕を選出したこの民会において、かならずしも優勢でなかったのかが、一見したところではよくわからない。じっさい、全ローマ人の六つの階級を構成する百九十三のケントゥリアのなかで、第一階級が九十八を含んでおり、票はケントゥリアごとに集計されることになっていたから、第一階級だけで、その投票数は他のすべての階級を合わせた数を上回っていた。第一階級のすべてのケントゥリアが意見の一致を示したときには、残りの投票は集められることさえなかった。最少数者の決めたことが、多数者の決定として通っていたのである。そこで、ケントゥリアの民会では、議事は意見の多数よりも、むしろ貨幣の多数によって取り決められていたと言える。

しかし、この極端な貴族の権威は、二つの方法によって緩和されていた。第一に、護民官は一般に富裕階級に属し、また多くの平民もつねにこの階級に属していたので、両者が、この第一階級のなかにあって、貴族の勢力と均衡を保っていた。

第二の方法はこうであった。まず、序列に従ってケントゥリアが投票することにすると、いつも第一階級から始まることになるので、そうする代わりに、抽籤によって一つのケントゥリアを選び、そのケントゥリア[1]だけが投票した。その後、別の日に他のすべてのケントゥリアが序列に従って召集され、同じ選挙を繰り返して行なったが、この後日の選挙は、最初のケントゥリアの行なった選挙の結果を追認することで終わるのが普通であった。こうして、民主政の原則に従い、先例のもつ権威は、等級から取りあげられ、抽籤に与えられたのである。

(1) こうして抽籤で選ばれたケントゥリアは、最初に投票を求められたところから、prœ rogativa (最初の投票) と呼ばれていた。そして、プレロガティヴ(特権)という語は、これから由来している。

この慣行の結果として、もう一つ別の利点が生まれた。すなわち、田園の市民は、二回の選挙のあいだに、かりに指命された候補者の能力について知る余裕を持ち、得失を心得たうえで投票できたのである。しかし、迅速を尊ぶという口実のもとに、ついにはこの慣行は廃止され、二度の選挙は同じ日に行なわれるようになった。

地区《トリブス》の民会は、本来はローマ人民の評議会であった。それは護民官によってのみ召集された。護民官はここで選ばれ、平民決議《プレビスキタ》はここで票決された。元老院は、この民会において議席を持たないばかりか、出席する権利さえ持たなかった。そして、元老院議員は、自分たちが投票できなかった法律に服従するよう強制されたのだから、この点では、最下級の市民よりも自由でなかったのである。この不公正は、〔組織の原則に関する〕完全な誤解に根ざしており、これだけでも、全員の参加が認められていない団体の命令を無効とするに十分であった。もし、貴族全員が、市民として持っている権利によってこれらの民会に出席したとしても、その場合には、彼らは、ただの一個人になるのだから、頭数によって数えられ、下層の無産者さえも元老院の筆頭と同等に扱われていたこの選挙形式には、ほとんど影響を与えなかったことだろう。

そこで、次のことがわかる。すなわち、非常に多くの人民の投票を集めるため、人民をこうしたさまざまな民会へ配分したことから、全体の秩序が形成されるという効果が生じたが、一方においてはまた、区分された諸形態は〔その組み合わせによって秩序が形成されさえすれば〕それぞれの中味に関してはどうでもよい、といったものではなく、おのおのの形態は選ばれた目的にふさわしい効用を持っていたのである。

これ以上細部に立ち入らなくても、いままでに明らかにしたところから、地区《トリブス》の民会は人民政治にもっとも好都合であり、ケントゥリアの民会は貴族政にもっとも好都合であったということになる。ローマ市の下層民だけで過半数を占めていたクリアの民会について言えば、僭主政治と悪だくみを助長することにしか役立たなかったので、煽動家たちでさえ、自分たちの企てがあまりにもむき出しになるような手段は差し控えていたにもかかわらず、この民会は評判を落とさざるをえなかった。たしかに、ローマ人民の尊厳が惜しみなく発揮されたのは、もっぱらケントゥリアの民会においてであり、これだけが完全であった。なぜなら、クリアの民会には田園地区が欠けていたし、地区《トリブス》の民会には元老院と貴族とが欠けていたからである。

投票を集める様式について言えば、それは初期のローマ人においては習俗と同じように素朴であったものの、スパルタほどではなかった。各人は大声でその投票を告げ、それを書記が次々に記録していった。そして、各地区の票の多数がその地区の投票を決定し、地区間の票の多数が人民の投票を決定した。クリアとケントゥリアについても同様である。この慣行は、市民たちのあいだに誠実さがゆきわたり、各人が、自分の票を不正な意見や無価値な人物に公然と投ずるのを恥としていたあいだは、適切でよかった。しかし、人民が腐敗し、票が売買されるようになると、秘密投票のほうが適当になってきた。買収者は不信の念のために買収を思いとどまるかもしれないし、そうなれば、票を売ろうとする小悪党も裏切者にならない機会が与えられるからである。(三〇)

私は、キケロ(三一)がこの変更を非難し、共和国滅亡の一因をこれに帰していることを知っている。私は、この点においてキケロの権威に与えられてよい重みを感じはするが、彼の見解に同意することはできない。私は、逆に、こうした変更が十分に行なわれなかったために、国家の滅亡が早められたのだと考える。健康人の摂生法が病人には適しないように、善良な人民に適合する法律をそのまま用いて、腐敗した人民を治めようとしてはならない。この格率を証明する事例として、ヴェネツィア共和国の存続にまさるものはない。この国がいまなお形骸をとどめているのは、ひとえにこの国の法律が悪人だけに適合するものだからである。

こうして、市民に投票板が配られ、各人はだれにも自分の意見を知られないで投票することができるようになった。また、この投票板を集め、票を計算し、その数を比較する等々のために、新しい決まりが設けられた。それでもなお、これらの職務を課せられた役人(1)の忠実さに、しばしば向けられる疑念を防ぎ切れなかった。そこで、ついには、術策や票の売買を防ぐための布告が出されたが、それが乱発されているところから、布告に効き目がなかったことがわかる。

(1) 投票板管理人、配布人、回収人。

共和政の末期になると、法律の不備を補うために、しばしば非常手段に訴えることを余儀なくされた。あるときには奇跡に口実を求めた。しかし、この手段は、人民をだますことはできても、人民を支配する人々をだますことはできなかった。またあるときは、候補者が術策をめぐらす暇のないうちに不意に会議を召集した。またあるときは、買収された人民が、悪い決議をしそうだとわかったさいには、会議時間いっぱいを演説で費やしてしまうこともあった。しかし、けっきょくは野心があらゆる障害をくぐり抜けた。けれども、信じがたいことだが、これほどのおびただしい悪弊のさなかにありながら、この偉大な国民は、むかしながらの規則のおかげで、元老院が単独でなしえたのとほとんど同じように、やすやすと、行政官を選挙し、法律を制定し、訴訟を裁き、公私の政務を処理してのけていたのである。

第五章　護民府について(三二)

国家を構成する諸部分のあいだに、適正な比例関係を確立できない場合、または除去しえない諸原因によって、それらのあいだの比がたえず変化する場合には、特別の官職が設けられる。それは、他の官職と一体を成すことなく、各項をその正しい比例関係に置き直し、あるいは統治者と人民のあいだの、あるいは統治者と主権者のあいだの、もしくは必要とあれば同時にこの二組の比のあいだの、連絡役あるいは中間項となるものである（三三）。

この団体を、私は護民府と呼ぶことにするが、それは法律と立法権の維持者である。護民府《トリビュナ》は、ときにはローマの護民官（三四）のように、政府に対して主権者を保護し、ときには現在のヴェネツィアの十人評議会のように、人民に対して政府を支持し、また、ときにはスパルタの監督官《エフォロス》（三五）のように、両者の均衡を維持することに役立つ。

護民府は都市《シ》〔国家《テ》〕の構成部分ではなく、したがって、立法権、執行権を一部でも分かち持ってはならない。だが、まさにこのゆえに、その権限は両者よりも大きい。なぜなら、みずからは何もなしえないことになっているからこそ、すべてを阻止することが許されるからである。それは法の守護者としての資格において、法を執行する統治者や、法を制定する主権者よりも、いっそう神聖であり、いっそう尊敬される。このことは、ローマにおいてきわめて明らかに認められるところであって、つねに全人民を軽蔑していたあの傲慢な貴族たちでさえ、占いの権利も持たず、裁判権も持たないたんなる人民の役人のまえに、屈服を余儀なくされたのである。

中庸を得た護民府は、すぐれた国家構造のもっとも堅固な支えである。しかし、それは、ほんの少しでも力を持ち過ぎると、すべてを覆してしまう。弱くなり過ぎる場合は、護民府の本性上ありえない。そこで、護民府は、ともかく存在しさえすれば、必要なだけの任務はかならず果たすのである。

護民府が僭主政治に堕するのは、執行権の調停者にすぎないのに、この執行権を簒奪したり、また、法律を保護するだけでとどまらなければならないのに、法律を授けようと望んだりする場合である。監督官たちの絶大な権力は、スパルタがその美俗を保持していたかぎり、なんらの危険もともなわなかったが、ひとたび腐敗が始まると、これを促進した。これらの僭主たちによって虐殺されたアギス(三六)の血は、その後継者の報復によって償われた。監督官たちの罪と罰は、ともにこの共和国の滅亡を早めた。そして、クレオメネス以後(三七)、スパルタはもはやなきも同然であった。ローマもやはり同じ道をたどって滅亡した。そして、護民官たちが徐々に(三八)簒奪していった過大な権力は、かつては自由のためにつくられた法律に助けられて、けっきょくは、自由を破壊する皇帝たち(三九)の擁護に役立つこととなった。ヴェネツィアの十人評議会について言えば、それは貴族と人民のどちらにとっても、恐るべき血の法廷であり、法律を公然(四〇)と保護するどころか、法律の権威が失墜してしまってからは、もはや正視するに耐えないような闇討ちを加えることにしか役立っていない。

護民府は、政府と同様に、その構成員の増加に従って弱くなる。はじめは二人、ついで五人であったローマの護民官が、さらにその数を倍にしようとしたとき、元老院は護民官を相互に争わせてその力を制する確信があったので、なすがままにしておいた。そして、まさにそのとおりになったのである。

かくも恐るべき団体の権力簒奪を予防する最良の方法、これまでいかなる政府も思いつかなかった方法は、この団体を常設のものとせず、間隔を定めて、その間はこれを廃止しておくことであろう。その間隔は、悪弊が固まる余裕を与えるほど長くてはいけないから、必要に応じて特別委員会がこの間隔を短縮できるように、法律によって定めればよい。

この方法は、私には不都合な点はないように思われる。なぜなら、すでに言ったように、護民府は国家構造の一部を成してはいないので、これを取り除いても、国家構造を損なうことにはなりえないからである。また、私にはこの方法は有効であるように思われる。なぜなら、新たに任命される護民官は、その前任者が持っていた権力から出発するのではなく、法律が彼に与える権力から出発するからである。

第六章　独裁について

法律の持つ硬直性は、事件の成り行きに法律が順応することを妨げ、ある場合には法律を有害なものにし、危機にある国家の滅亡の原因にもなりうる。手続きの順序とそれに要する手間は、一定の時間を必要とするが、ときには事情がこれを許さないことがある。立法者が予見しなかったような場合は無数に起こりうるから、人はすべてを予見できないと悟ることこそ、きわめて必要な先見の明なのである。

だから、政治制度を強固にしようとするあまり、その効力を停止する権限まで失ってはならない。スパルタでさえ、その法律を眠らせておいたことがある。

けれども、公共の秩序を改変する危険を冒しても釣り合うのは、最大の危機の場合だけであるから、祖国の安否にかかわるようなとき以外には、法律の神聖な力をけっして停止してはならない。こうした稀有で明白な事態において公共の安全を確保する備えは、もっともふさわしい人物にその任務を託するという特殊な行為によって行なわれる。この委託は、危険の種類により、二つの仕方で行なうことができる。

もし、危険に対処するのに、政府の活動力を増大させるだけで足りるのなら、その構成員の一人または二人に政府の力が集中される。この場合、変更されるのは法の権威ではなく、たんにその執行の形態である。もし、危険が深刻であって、身を守るのに法律という装置が障害となるほどであるのなら、すべての法律を沈没させ、主権を一時停止するような最高の首長一人が任命される。このような場合にも、一般意志は疑いもなく存在し、人民の第一の意向が、国家を滅ぼさないことにあるのは明白である。したがって、立法権の停止はけっして立法権の廃止ではない。立法権を沈黙させるこの行政官は、それを語らせることはできない。彼はそれを支配しはするが、代表することはできない。彼はあらゆることをなしうるが、法をつくることだけはできない。

第一の方法が採用されたのは、ローマの元老院が、神聖な文言《もんごん》に従って、執政官たちに共和国の安全に備える任務を申し渡した場合である。第二の方法が用いられたのは、二人の執政官のうちの一人が独裁官を任命したときである。(1) この慣行は、アルバ(四一)がローマにその先例を示したものである。

(1) この任命は、あたかも一人の人間を法の上位に置くことを恥じるかのように、夜中ひそかに行なわれた。

共和国の初期には、きわめて頻繁に独裁制に助けが求められた。なぜなら国家がまだその制度の力だけで自立しうるほど、しっかりした基礎を持っていなかったからである。当時は習俗が健全で、他の時代なら必要としたような多くの用心を無用としたので、独裁官がその権威を乱用しはしないかとか、期限が過ぎてもそれを保持しようとするのではないかとか、そういった心配はなかった。むしろ逆に、このように大きな権力は、授けられた者にとっては重荷であったらしく、その権力を早く放棄しようと急いだほどである。あたかも、法の代理を務めることは、あまりにもつらく、危険な役目であるかのようであった。

だから、共和制の初期の時代において、この最高官職の制度を無分別に用いたことを私が非難するのは、乱用の危険のためではなく、権威失墜の危険のためである。(四二) というのは、選挙とか、献納式(四三)とか、まったく形式的な行事などにさいして、この官職をやたらと設けているうちに、いざというときには威光を失ってしまい、空虚な儀式にしか用いられない空虚な肩書にすぎないとみなす習わしができてしまうおそれがあるからだ。

共和国の末期には、ローマ人は以前よりも慎重になって、独裁制を差し控えるようになったが、これはかつての乱用の場合と同様、たいして理由のないことであった。彼らの心配には十分な根拠がないこと、当時にあっては、首都の弱さが、首都内に住む行政官たちの手から首都を守る安全弁となっていたこと、独裁官は、ある場合には公共の自由を防衛することができたが、けっしてそれを侵害することはできなかったこと、また、ローマを縛る鉄鎖がつくられたのは、ローマ自身のなかでなく、ローマの軍隊のなかであったこと、これらは容易に見分けられたからである。マリウスがスラに対して、ポンペイウスがカエサルに対して、ほとんどなんの抵抗もできなかったことは、外部からの力に対抗するさい、内部の権威にどれほどのことが期待できるかを、十分に示している。

この誤りのために、ローマ人は幾多の大失策を演じた。たとえば、その一つは、カティリナ事件(四四)のさいに独裁官を任命しなかったことである。なぜなら、問題はローマ市の内部と、せいぜいイタリアのある地方とに限られていたのだから、法律が独裁官に与える際限のない権威をもってすれば、彼は容易にその陰謀を一掃しえたはずである。ところがじっさいには、この陰謀は、人間の思慮をもってしてはまったく予想が及ぶはずのないいくつもの幸運な偶然が重なって、ようやく鎮圧されたのである。

　独裁官を任命する代わりに、元老院はその権限をすべて執政官に委託することで満足した。その結果、キケロは効果的に行動するために、肝心な点で[四五]越権に陥らざるをえなかった。そして、人々は、はじめのうちは喜びに夢中になって、彼の行為を是認したけれども、次には、法律に反して流された市民の血の釈明を彼に求めたのも、当然のことであった。相手が独裁官なら、向けられなかったはずの非難である。しかし、この執政官の雄弁は、すべての人の心をとらえた。そして、キケロ自身はローマ人でありながら、自分の祖国よりも自分の栄光を愛していたから、国家を救うためのもっとも合法的でもっとも確実な手段を求めるよりは、むしろ、この事件に関する名誉をすべて独占する手段を求めたのである。[1]だから、彼がローマの解放者として尊敬されたのも正当なら、法の違反者として罰せられたのも正当であった。彼の追放解除がどんなにはなばなしかったにせよ、それが恩赦であったことは確かである。

（1）　彼は、独裁官の任命を提案しても、その点〔＝名誉の独占〕について自信がなかった。というのは自分で自分を指名することはしかねたし、同僚が彼を指名するという確信は持てなかったからである。

なお、この重大な任務をどんな仕方で委託するにせよ、任期をごく短い期間に限り、けっして延長できないようにすることが大切である。この任務を設けるような危機においては、国家はほどなく滅ぼされるか救われるかである。だから、さし迫った必要が満たされてしまうと、独裁制は僭主政治または無用のものと化する。ローマでは、独裁官の任期は六か月しかなかったが、大部分はその満了前に辞任している。もし任期がもっと長かったなら、十大官たちが一年の任期を延長させたように、彼らも、任期をもっと延長しようという気になったかもしれない。独裁官は、彼が選ばれるにいたった必要に対処する時間しか持たなかった。彼には、他の計画を考えたりする時間の余裕はなかったのである。

第七章　監察制度について

一般意志の表明が、法によって行なわれるのと同様に、公衆の判断の表明は、〔戸口〕監察制度《ケンスス》によって行なわれる。世論は一種の法であり、その執行者は〔戸口〕監察官《ケンソル》である。そして、彼は、統治者と同じように、この法を個々の場合に適用するだけである。

だから、監察官の法廷は、人民の世論の審判者であるどころか、その表明者であるにすぎないのであり、もし人民の世論から離れるようなことがあれば、その決定はたちまち空虚な、効力のないものになってしまう。

一国民の習俗と、その国民の尊敬の対象とを、分けて考えるのは無用のことである。なぜなら、この二つはともに同じ原理に由来しているので、必然的に混じり合っているからである。地上のすべての人民において、彼らが楽しみとして何を選ぶかを決定するのは、自然ではなくて世論である。人々の世論を矯正してみるがよい。そうすれば、習俗はおのずから浄化されるだろう。人はつねに美しいもの、あるいはそう見えるものを愛する。だが、人が誤るのは、まさにこの判断においてである。だから、この判断をこそ規制しなければならない。習俗について判定を下す者は名誉について判定を下すのであり、名誉について判決を下す者は、世論をその法としている。

一つの人民の世論は、その法制から生まれる。法は習俗を規定しはしないが、習俗を生ぜしめるのは法体系である。法体系が弱まるとき、習俗は堕落する。(四六)だが、そのとき、法の力がなしえなかったことは、監察官の判定もなしえないであろう。

したがって、監察制度は、習俗を維持することには役立ちうるが、それを建て直すことにはまったく役立たない。法律が活力を保っているあいだに監察官を設けるがよい。法律がそれを失うやいなや、すべては絶望的である。法律がもはや力を持たなくなれば、他の正当なものもまた、どれ一つとして力を保てなくなる。

監察制度は、世論の腐敗を防ぎ、賢明な実施によって世論の正しさを保ち、ときには、世論がまだ定まらない場合にこれを固めさえして、習俗を維持する。決闘において介添人を立てる慣行は、フランス王国では気違いじみるほどになっていたが、王の勅令の「介添人を呼ぶような卑怯な者どもについては」という、わずかな数語で廃止された。この判定は世論の判定に先んじることによって、いっきょにそれを決定した。しかし、同様の勅令が、決闘をするのもまた卑怯だ、と宣言しようとしたとき、これはきわめて正しい考えなのだが、一般の世論に反していたため、公衆はこの決定をあざ笑った。この点についての公衆の判決がすでに下されていたからである。

私はすでに別のところで、[1]世論はけっして拘束を受けないものなのだから、世論を代表するために設けられた法廷には、拘束の跡がほんの少しでもあってはならない、と述べた。近代の人民のあいだでは完全に失われているこの機構が、ローマ人のあいだで、またそれ以上にスパルタ人のあいだで、いかに巧みに活用されていたかは、感嘆の言葉もないほどである。

(1) 私が『ダランベール氏への手紙』のなかでもっと詳しく論じたことを、この章ではただ指摘するだけにとどめる。

スパルタの評議会で、ある品行のよくない人物が、よい意見を開陳したところ、監督官たちはこれを無視して、同じ意見をある有徳の市民に提案させた。[四七]両者のどちらをも称讃も非難もしなかったのに、しかも一方にはなんという名誉、他方にはなんという恥辱であろう！　サモス人[1]の酔っぱらいどもが、監督官の法廷を汚したことがあった。翌日、公の布告により、サモス人たちは野人であってもよい、という許可が与えられた。このように罰せられないことのほうが、本物の刑罰よりもいっそうこたえたことだろう。スパルタが何を名誉とし、何を不名誉とするかについて言明したとき、全ギリシアはこの判定に対して抗議したことはなかった。

（1）[四八]　この酔っぱらいどもは、じつは[四九]別の島の出身であったのだが、われわれの国語の上品さのゆえに、ここでその名を挙げることがはばかられる。

第八章　市民宗教について[五〇]

当初、人々は神以外に国王を持たず、神政以外の政治を持たなかった。彼らはカリグラの推論[五一]を行なった。そして、当時は彼らの推論は正しかったのである。自分の同類を主人とする決心をし、しかもそうしたほうがうまくゆくだろうと思いこむことができるようになるには、長いあいだにわたる感情と思想の変遷を必要とした。

おのおのの政治社会の頭に神が置かれたということだけからしても、人民の数だけ神があったということになる。互いによそよそしく、ほとんどいつも敵対している二つの人民が、同一の主人を認めることは長いあいだできなかった。交戦中の二つの軍隊が、同じ指揮官に従うことができないように。こうして、諸国民の分立から多神教[五一]が生まれ、また多神教から神学的な不寛容と社会的不寛容とが生まれた。この二つの不寛容は次に述べるようにもともと同一のものである。

　ギリシア人は、未開民族のなかでも自分たちの神々が信じられているものと思っていたが、この空想は、みずからをこれらの民族の当然の主権者であるとみなすもう一つの空想からきている。しかし、今日では、さまざまな国民の神々の同一性について博識を展開したりすることは、まったくの笑いものになっている。たとえば、まるでモロック、サトゥルヌス、クロノス[五二]が同一の神でありうるかのように、フェニキア人のバール、ギリシア人のゼウス、ラテン人のユピテル〔＝ジュピター〕が同一の神でありうるかのように、要するに、違った名前を持ったもろもろの空想上の存在に何か共通なものが残りうるかのように！

　どの国家にもみずからの礼拝と神々とがあった異教の時代に、なぜ宗教戦争がなかったのか、と問う人があれば、私は次のように答える。それは、各国家がそれぞれの政府を持っていたのと同様に、それぞれの礼拝を持っていて、神々と法律とをまったく区別しなかったという、まさにそのことによるのである、と。政治上の戦争は同時に神学上の戦争であった。神々の領分は、いわば国境によって定められていた。ある民族の神は、他の民族に対してなんの権利も持たなかった。異教徒の神々は嫉妬深い神々ではなかった。神々は自分たちのあいだで世界という帝国を分かち合っていたのである。モーゼ自身も、またヘブライの人民も、イスラエルの神について語るさい、ときとしてこの考えに同調していた。なるほど、彼らはカナン人の神々を無に等しいものとみなしていた。追放されたカナン人は、滅亡する運命をになっており、彼らの土地は、いずれヘブライ人が占めることになっていた。しかし、ヘブライ人が攻撃することを禁じられていた近隣の諸民族の神々について、どのように語っていたかを見るがよい。エフタはアンモン人に向かって言った。「君たちの神カモスに属するものを所有することは、君たちにとって法的に当然のことではないのか。われわれは、同じ理由で、征服者であるわれわれの神がかち得た土地を所有する[1]」。この表現は、カモスの権利とイスラエルの神の権利とのあいだの同等性が、十分に認められていたことを示しているように思われる。

（1） *Nonne ea quæ possidet Chamos deus tuus tibi jure debentur?* 〔旧約聖書、士師記、第十一章第二四節〕ラテン語訳聖書の原文は右のとおりである。カリエール神父はこれを次のように訳した。「汝らは、汝らの神カモスに属するものを所有する権利があるとは信じないのか」。私はヘブライ語の原文の語調については知らない。しかし、ラテン語訳の聖書では、エフタがカモス神の権利を積極的に認めていること、また、フランス語の訳者が、ラテン語にはない汝らによればという一句を加えて、この承認を弱めていることは、私にもわかる。

しかし、ユダヤ人が、バビロンの国王たちの、ついでシリアの国王たちの支配下に置かれながら、自分たちの神以外のいかなる神をも強情に認めまいとしたとき、この拒否は、征服者に対する反抗とみなされて、彼らの歴史に書かれているとおりの、そしてキリスト教以前には例を見ないような、数々の迫害を彼らにもたらしたのであった。(1)

(1) フォカイア人の戦争は聖戦と呼ばれているが、それが宗教戦争でなかったことは、まったく明白である。(五四)それが目的としたのは、瀆聖者を罰することであって、異教徒たちを屈服させることではなかった。

それゆえ、それぞれの宗教は、それの信仰を命じる国家の法律にもっぱら結びつけられていたのだから、ある人民を改宗させるには、彼らを隷従させる以外に方法はなく、征服者以外には伝導者はいなかった。そして、改宗の義務は被征服者に課せられた法であったから、改宗の必要を説くためには、まず征服から始めなければならなかった。人間が神々のために戦うどころか、ホメロスにもあるように、人間のために戦ったのは神々だったのである。それぞれの人民は自分の神に勝利を懇請し、新しい祭壇を設けて勝利に報いた。ローマ人は、ある城塞都市を攻略するまえに、その地の神々に対して退去を促した。そこで、ローマ人が、タレントゥム人に、(五五)その恐れる神々をそのまま残しておいたのは、その時点において、この神々がローマ人の神々に服従し、不本意ながらも臣従の誓いをしたものと、ローマ人がみなしたからである。彼らは、被征服者にその法律をそのまま残しておいたように、神々をそのまま残しておいた。カピトールのジュピターにささげる冠一つが、しばしば、ローマ人の課した唯一の貢物であった。

最後に、ローマ人たちは、その支配とともに自分たちの礼拝と神々とをゆきわたらせたので、またしばしば彼ら自身も、被征服民たちの神々を採用し、どちらの神々にも市民権を与えたので、この広大な帝国内の諸民族は、いつのまにか、いたるところでほとんど同じような多くの神々や礼拝を持つことになった。このような事情によって、異教が、ついには既知の世界のなかでの唯一の、しかも同一の宗教となったのである。

イエスが、地上に霊の王国を打ち建てようとして登場したのは、このような状況においてであった。この建設によって、神学の体系が政治の体系から切り離されたので、国家の一体性は終わりを告げ、以後キリスト教の諸国民をゆるがしてやまない内部分裂が発生したのである。さて、この彼岸の王国という新しい観念は、異教徒の頭にはとうてい入りこみうるものではなかったので、彼らはつねにキリスト教徒を正真正銘の反逆者と見ていた。つまり、キリスト教徒は、偽善的に服従を装いながら、独立してみずから主人となる機会をひたすら求め、自分の力の弱いうちは権威を尊敬しているように見せかけながら、巧みに権威を横領する機会をうかがっている者としか見えなかったのである。これが迫害の原因であった。

異教徒たちの恐れていたことが起こった。そのとき、すべてが一変した。謙譲なキリスト教徒たちは言葉遣いを改めた。そしてまもなく、この彼岸の王国と称するものが、現身の首長〔＝教皇〕

のもので、此岸におけるもっとも凶暴な専制と化するにいたったのである。

しかし一方では、統治者も市民法も、相変わらず存在していたのであるから、こうした〔聖俗〕二重の権力のあいだに果てしのない管轄争いが生まれ、このために、キリスト教国においては、およそよい政治組織というものが不可能になってしまった。支配者と聖職者のどちらに従うべきなのかを、人々は決定的に知ることがどうしてもできなかった。

それでも、多くの人民が、ヨーロッパ、またはその周辺においてさえ、古代の制度(五六)を保持し、あるいは再建しようとした。しかし、それは成功しなかった。キリスト教の精神がすべてに打ち勝った。神聖な礼拝は、依然として主権から独立したままであるか、またはふたたび独立を取り戻し、国家体とは必然的なつながりを持たなかった。マホメットはきわめて健全な見解を持っていて、その政治組織をうまく統一した。そして、彼の統治形態が、その後継者であるカリフたちのもとで存続していたかぎりでは、この統治は、厳密に一体を成しており、その点ではりっぱなものであった。ところが、アラブ人も、繁栄し、学芸に通じ、洗練され、柔弱で無気力になると、野蛮人どもに征服された。そこで、二つの権力のあいだの分裂がふたたび始まった。この分裂は、マホメット教徒においては、キリスト教徒の場合ほど目立ってはいないが、やはり存在しており、特にアリー派において著しい。また、ペルシアのように、この分裂が当初から表面化したままの国々もある。

われわれのあいだでは、イギリスの国王たちがみずからを教会の長と定めたし、ロシアの皇帝たちも同じことをした。しかし、この称号によって彼らは、教会の主人というより、むしろその従僕となったのであり、教会を改革する権利というより、むしろそれを維持する権利を得たのである。(1)彼らは教会においては立法者ではなく、統治者にすぎない。聖職者が一つの団体を形成するところではどこでも、この団体が彼らの祖国の主人であり(五七)、立法者である。だから、イギリスやロシアにも、ほかの国々とまったく同様に、二つの権力、二つの主権者が存在するのである。

（1）聖職者を一つの団体に結びつけるものは、フランスの聖職者会議のような形式的な会議ではなくて、むしろ教会相互間の同盟であることによく注意しなければならない。同盟と破門とは聖職者の社会契約であり、この契約によって、聖職者はつねに人民と国王との主人となるだろう。ともに同盟しているすべての司祭は、たとえ世界の端と端にいようとも、同じ市民なのである。この発明は、政治上の傑作である。異教の司祭たちのあいだには、これに類するものはまったくなかった。したがって、彼らはけっして聖職者の団体を形成したことがなかった。

すべてのキリスト教徒の著作家のうちで、哲学者ホッブズだけが、この病弊とその療法とを見窮めており、鷲の双頭を一つにすること、またすべてを政治的統一の状態に戻すことを、あえて提案したのであった。この統一がないかぎり、国家も政府もけっして安定した構造を持つことはあるまい、と見たからである。しかし、すべてを支配しようとするキリスト教の精神が、彼の体系と相入れなかったこと、また、司祭の利害のほうが国家の利害よりも強い力を持ち続けるであろうということに、彼は当然気づくべきであった。彼の政治学が醜悪なものとされたのは、そこに恐ろしいもの、虚偽のものが含まれているからというよりも、むしろ、正しいもの、真実なものが含まれているからである。(1)

(1) とりわけ、グロチウスがその兄弟にあてた一六四三年四月十一日付の手紙のなかで、この学者がホッブズの『市民について』という著書のうち、何を是認し、何を非難しているかを見よ。(五八) なるほど、グロチウスの場合は、寛大な気持に引きずられて、著者ホッブズに対し、その悪いところ〔=絶対主義〕に免じて、そのよいところ〔=国家宗教〕を大目に見てやっているようである。だが、だれもがこんなふうに寛大なわけではない。

こういう観点のもとで、歴史的事実をたどってみれば、ベールとウォーバートン(五九)との相対立した意見も、ともに容易に論破できるように思われる。前者は、いかなる宗教も政治体には役に立たないと言い張り、後者は、反対にキリスト教こそ政治体の最も堅固な支柱であると主張する。前者に対しては、宗教が基盤の役を果たすことなしに、国家が建設されたことはこれまで一度もなかった、ということが立証されるであろうし、後者に対しては、キリスト教の律法は、強力な国家構造をつくるためには、けっきょくのところ有益というよりはむしろ有害であることが立証されるであろう。私の考えを完全に理解してもらうためには、私の主題に関連のある宗教についての観念が、まだあまりにも漠然としているので、これをもう少し精密にしさえすれば十分である。

社会は一般社会か特殊社会かであるが、この社会との関連において、宗教もまた二つの種類に区別されうる。すなわち、人間の宗教と市民の宗教である。前者は、神殿も祭壇も儀礼もなく、至高の神への純粋に内的な礼拝と、道徳の永遠の義務とに限られているような、純粋で単純な福音の宗教、真の有神論であり、自然的神法とも呼びうるものである。後者は、特定の一つの国においてのみ制度化され、この国にその神々、すなわち固有の守護神を与えるものである。この宗教は、その教義、その儀礼、そして法律の定める外面的な礼拝を持っている。(六〇)これを信奉している唯一の国民を除けば、すべての者がこの宗教にとって不信の徒、異邦人、野蛮人である。この宗教は人間の義務と権利とを、その祭壇の範囲にしか広げない。原始民族の宗教はすべてこのようなものであった。それは、国家的《シヴィル》あるいは実定的《ポジチフ》神法と名づけることができる。(六一)

もっと奇妙な第三の種類の宗教がある。それは、人々に二つの法体系、二人の首長、二つの祖国を与えて、人々を矛盾した義務に従わせ、人々が信者と市民の役割を使い分けるように仕向けるものである。ラマ教や日本人の宗教がそうであり、ローマのキリスト教もそうである。それは、僧侶階級の宗教と呼ぶことができる。この宗教からは、名前のつけようもないような、混合した反社会的な一種の法が生ずる。

政治的な観点から考察すると、これら三種の宗教はどれも、それぞれに欠点を持っている。第三の宗教がよくないことはあまりにも明白だから、そのことを論証して楽しむのは時間の浪費というものである。社会的統一を破るものは、すべてなんの価値もない。人間を自分自身と矛盾させるような制度は、すべてなんの価値もない。

第二の宗教は、それが神への礼拝と法への愛とを結びつけるかぎりにおいて、また祖国を市民たちの熱愛の対象とさせ、国家に奉仕することがとりも直さず守護神に奉仕することになるのだ、と教えるかぎりにおいて、よい宗教である。それは一種の神政であって、そこでは統治者以外には教主はありえず、行政者以外には僧侶もありえない。そこで、祖国のために死ぬことは殉教に赴くことであり、法を破ることは不敬を犯すことである。また、罪人を公衆の憎悪にさらすことは、彼を神々の怒りにささげることである。「呪われてあれ(六二)」。

しかし、この宗教が、誤謬と虚偽にもとづいており、そのために人々を欺き、軽信的、迷信的にし、また神への真の礼拝を空虚な儀式のなかにおぼれさせてしまうなら、そのかぎりにおいて悪い宗教である。それは、排他的、圧倒的となって、人民を残忍に不寛容にするときもまた、悪い宗教である。そうなれば、人民は、殺人と虐殺のみを熱望し、彼らの神々を認めない者はだれでも容赦なく殺しながら、神聖な行為をしているのだと思いこむ。そのために、このような人民は、他のすべての人民〔=国民〕と戦う自然状態に陥るが、その状態はこの人民自身の安全にとってもきわめて有害である。

そこで、人間の宗教、すなわちキリスト教が残る。しかし、それは今日のキリスト教ではなく、福音書のキリスト教であり、今日のそれとはまったく異なったものである。この神聖で崇高で真実な宗教によって、同一の神の子である人間たちは、すべて互いに兄弟と認め合うのであり、彼らを統一する〔霊の〕社会は〔この世において〕死滅しても解体することはない。

だが、この宗教は、政治体となんら特別の関係を持っていないので、法律に対しては、法自身から出てくる力を認めてやるだけで、それに別の力をなんらつけ加えるわけではない。このために、特殊社会の偉大なきずなの一つが、効力を発揮しないままに放置される。それだけではない。この宗教は、市民たちの心を国家に結びつけるどころか、彼らの心を地上のすべてのものから引き離すのと同じように、国家からも引き離してしまう。社会的精神にこれ以上反するものを私は知らない。

真のキリスト教徒からなる人民は、想像しうるかぎりのもっとも完全な社会を形成するだろう、とわれわれに説く人もある。私には、この仮定は一つの大きな困難を含んでいるとしか思えない。それは、真のキリスト教徒の社会なるものは、もはや人間の社会ではないだろう、ということである。

この仮定された社会は、どんなに完全であっても、もっとも強力な社会でもなければ、もっとも永続的な社会でもないだろう、とまで私は言いたい。完全であるがゆえに、この社会は紐帯を欠くであろう。みずからを破壊する欠陥は、この社会の完全性そのもののなかにあるだろう。

各人はその義務を果たし、人民は法律に従い、首長たちは公正で中庸を保ち、行政官たちは清廉潔白で、兵士たちは死を軽んじるだろう。この社会には虚栄も奢侈もないだろう。これらはすべてまことに結構なことだ。しかし、もっと視野を広げてみよう。

キリスト教は、まったく霊的な宗教であり、ひたすら天上の事柄だけに心を傾けている。キリスト教徒の祖国は、この世のものではない。なるほど、キリスト教徒はその義務を果たす。しかし、彼の努力が成功するかいなかについてはまったく無関心に、そうするのである。みずからにやましいところが何一つないかぎり、この地上での事柄はすべて、うまくゆこうとゆくまいと、彼にはどうでもよいことなのだ。国家が繁栄していても、彼が公共の幸福を進んで楽しむことはほとんどない。自分の国の栄光によって、心がおごることを恐れるからである。国家が衰えるなら、彼は人民の上に重くのしかかる神の御手をほめたたえる。

この社会が平和であり、調和が維持されるためには、全市民が例外なく、同じように善良なキリスト教徒でなければならないだろう。しかし、もし、不幸にも社会に一人でも野心家や偽善者がいたならば、たとえば一人のカティリナ、一人のクロムウェルがいたならば、このような人物は、敬虔な同国人を苦もなく押えつけてしまうに違いない。キリスト教の愛《シャリテ》は、隣人を悪く考えることを容易に許さない。このような人物がなんらかの策略により、同国人をだまして、公共の権威の一部を奪いとるすべを見つけたなら、たちまち高位に任ぜられた人間が生まれる。神は人々がその人物を尊敬することを欲したまう。すると、たちまち権力が生まれる。神は人々が彼に服従することを欲したまう。この権力の受託者がそれを乱用したとしたら？　それは神がその子らを罰したまう鞭だということになる。人々は簒奪者を追放することに良心がとがめるだろう。公共の平穏を乱し、暴力を用い、血を流さなければならないだろうから。すべてこのようなことは、キリスト教徒の優しさとそぐわない。そして、けっきょくのところ、地上の悲しみの谷間にあっては、自由であろうと、隷従していようと、どうでもよいことではないか。肝心なのは天国にゆくことである。そして、あきらめはそのためのもう一つの手段（六三）にほかならない。

どこかの外国との戦争が突発したとしよう。市民たちはいやがらずに戦闘に赴く。彼らのなかで、逃亡しようなどと思う者はだれ一人としていない。彼らは義務を果たしはするが、勝利への情熱からではない。彼らが知っているのは、勝つことよりもむしろ死ぬことである。勝者となろうと敗者となろうと、どうでもよいのだ。神の摂理は、彼らにとって何が必要かを、彼ら以上によく知っているではないか。誇り高く、たけりたち、熱狂した敵にとって、彼らの堅忍の精神がいかに利用しやすいかを想像してほしい。キリスト教徒に向かって、栄光と祖国への熱烈な愛に燃えたったあの高潔な諸民族を対抗させてみるがよい。諸君のキリスト教共和国が、スパルタかローマと対抗した場合を仮定してみるがよい。敬虔なキリスト教徒は、気をとり直すいとまもなく打ち負かされ、押しつぶされ、滅ぼされてしまうだろう。あるいは、彼らが救われるとしても、それはひとえに、敵が彼らに抱く軽蔑の念のおかげによるものであろう。ファビウス（六四）の兵士たちがたてた誓いは、私の好みから言うと、じつにみごとなものであった。彼らは、勝って帰ることを誓い、その誓いを守ったのである。キリスト教徒ならば、けっしてこんな誓いはたてなかっただろう。それは神をこころみることになると思ったであろう。

しかし、キリスト教共和国と言ったのは、私の間違いである。この二つの語は互いに相入れない。キリスト教は、服従と依存だけしか説かない。その精神は圧制にとってあまりに好都合なので、圧制はつねにこれを利用しないではおかない。真のキリスト教徒は、奴隷となるようにつくられている。彼らはそれを知っているが、ほとんどそれに心を動かされない。この短い人生は、彼らの眼にあまりにも価値の少ないものに見えるのである。

キリスト教徒の軍隊は優秀である、とわれわれは聞かされている。私はそれを認めない。そういう例があったら、見せてもらいたいものだ。私としては、キリスト教徒の軍隊なるものを知らない。十字軍の例を引く人があるかもしれない。十字軍の兵士たちの勇気については論じないが、その場合の彼らは、僧侶の兵士であり、教会の市民なのであって、キリスト教徒なるものからはほど遠い存在であったことを指摘しておきたい。彼らは霊の祖国のために戦ったが、教会は、これをよくわからない方法で、現世の国に変えてしまっていたのである。正しく理解するなら、この事例は異教の項目に入る。福音書は国民的宗教を打ち建ててはいないのだから、キリスト教徒のあいだでは、どんな聖戦もありえない。

異教徒の皇帝のもとでは、キリスト教徒の兵士は勇敢であった。キリスト教徒の著作家たちはすべてこれを保証しているし、私もそう思う。それは異教徒の兵士たちと名誉を競ったためである。皇帝がキリスト教徒になるやいなや、この競争はもはや存続しなくなった。十字架が鷲を追い払ったとき、ローマ人の勇気はことごとく消えうせた。

しかし、政治的考察を離れ、権利の問題に立ち返って、この重要な点についていくつかの原理を定めよう。社会契約によって与えられる主権者の臣民に対する権利は、先に述べたように(六五)、公共の利益という限界を越えるものではない(1)。だから、臣民は、自分の信条が共同体にかかわってこないかぎり、その信条を主権者に向かって告げる責任はない。ところで、各市民に自分の義務を愛させるような宗教を持つということは、国家にとって、まことに重要である。しかし、この宗教の教義が、国家やその構成員の関心をひくことがあるとすれば、それは、その宗教を信じる者が他人への実行を課せられている道徳や義務に、この教義がかかわってくる側面に限られる。その他の点では、各人は自分の好むままの信条を抱いてよいのであり、それは主権者の関知すべきところではない。なぜなら、主権者は彼岸の世界においてはなんの権限も持たないから、臣民たちがこの世においてよい市民でありさえすれば、来世において彼らの運命がどうであろうと、それは主権者にはかかわりのないことだからである。

(1)「共和国においては」とダルジャンソン侯は言う、「各人は、他人に害を及ぼさないかぎり、完全に自由である」[六六]と。ここに不変の限界がある。この限界をこれ以上正確に定めることはできない。私は、世に知られてはいないものの、この手稿を、ときおり引用する喜びを禁じえなかった。大臣の職にあっても、真の市民の心と、自国の統治についての公正で健全な見解とを持ち続けた高名で尊敬すべき人物の思い出に、敬意を表するために。

それゆえ、純粋に市民的な信仰告白が必要であり、その箇条を定めるのは主権者の役目である。この箇条は厳密には宗教の教義としてではなく、それなくしてはよい市民にも忠実な臣民にもなりえないような社会性の感情として定められるのである[1]。主権者は、それを信じることを何びとにも強制することはできないが、それを信じない者はだれであっても、国家から追放することができる。主権者は、彼を不信心な人間として追放しうるのではなく、非社会的な人間として、法と正義とを誠実に愛することのできない人間として、また、必要のさいに自己の生命を義務のためにささげることのできない人間として、追放しうるのである。もし、この教義を公に是認したあとで、それを信じないかのようにふるまう者があれば、彼は死をもって罰せられるべきである[六七]。彼は最大の罪を犯したのだ。法のまえで偽ったのだ。

(1) カエサルは、カティリナを弁護して、霊魂は死滅するという教義を証明しようと努めた。カトーとキケロは、それを論駁するのに理屈をこねて暇をつぶしたりはしなかった。彼らはカエサルは悪い市民として語っており、国家に有害な説を主張したことを示すだけでとどめた。じっさい、ローマの元老院が判断しなければならなかったのは、まさにこの点についてであって、神学上の問題についてではなかったのだ。

この市民〔＝国家〕宗教の教義は、単純で数少なく、説明や注釈なしで、的確に表現されなければならない。強く、賢く、慈愛に満ち、予見し配慮する神の存在、来世、正しい者の幸福、悪人への懲罰、社会契約および法律の神聖性、これらが積極的な教義である。消極的な教義については、私はそれをただ一つにとどめる。それは不寛容である。不寛容は、われわれが排除した諸宗派に属するものである。

政治的不寛容と宗教的不寛容を区別する人々は、私の考えでは、間違っている。これら二つの不寛容は、切り離すことができない。呪われていると私たちが信じる人々と平和に暮らすことは不可能である。彼らを愛することは、彼らを罰する神を憎むことになるだろう。彼らを改心させるか、それとも彼らを迫害するかが、どうしても避けられなくなる。宗教的不寛容が認められているところでは、どこでも、それはなんらかの社会的な効果をともなわざるをえない(1)。そして、そういう効果をともなうやいなや、主権者は、世俗的な事柄についてすら、もはや主権者ではなくなる。そうなってしまえば、僧侶が真の主人であり、国王は彼らの役人であるにすぎない。

（1）たとえば、結婚は市民的な契約であって、もろもろの社会的な効果をともなっており、これらなしには、社会が存続することが不可能なほどである。そこで、ある聖職者が、この行為を承認する権利、すなわちあらゆる不寛容な宗教において、聖職者がかならず横領するに違いない権利を、独り占めにすることに成功したと仮定しよう。そうなると、彼は教会の権威をこの機に乗じて高めることにより、統治者の手には、聖職者が彼に与えようと思うだけの臣民しか、もはや残らなくなることは明白ではないか。人々がこれこれの思想を抱くか、抱かないかによって、またこれこれの礼式の文言《もんごん》を認めるか、拒むかによって、また聖職者に対しどの程度忠実であるかによって、彼らを結婚させたり、させなかったりすることのできる聖職者が、もし、油断なく振舞い、しかも自説を押し通すならば、彼一人が遺産を、官職を、市民たちを、さらには国家そのものをさえ、自由に取り扱うようになることは明白ではないか。なぜなら、私生児だけでしか構成されていないような国家は、存続しえないであろうから。しかし、いずれは権威の乱用として訴えられ、召還され、令状を発せられ、教会収入を差し押えられることになるだろう、と言う人もあるかもしれない。なんと浅はかなことか！　聖職者がわずかでも常識を——勇気を、とは言わない——持っていれば、人々にしたいようにさせておき、自分はいままでどおりに振舞うだろう。彼は、冷静に訴えさせ、召還させ、令状を出させ、差し押えさせ、そしてけっきょくは主人の座にとどまるだろう。すべてを自信をもって占有しているときには、一部分を放棄することなど、大きな犠牲ではあるまいと、私には思われる。（六八）

排他的な市民〔＝国家〕宗教がもはや存在せず、また存在しえないいまとなっては、教義が市民の義務に反するものをなんら含んでいないかぎり、他の宗教に対して寛容であるすべての宗教に対して、人は寛容でなければならない。しかし、「教会の外に救いなし」とあえて言う者があれば、国家が教会でもないかぎり、また統治者が教主でもないかぎりは、何びとであっても国家から追放されるべきである。このような教義は神政政治のもとでしか適当ではなく、それ以外はどこにおいても有害である。アンリ四世が、ローマ教を受け入れた理由と言われているもの(六九)は、誠実な人間のすべてを、とりわけ、理性的に考えることのできる統治者のすべてを、この宗教から離反させるであろう。

第九章　結論

政治的権利の真の諸原理を設定し、この基礎の上に国家を築こうと努めたあとに、残されているのは、国家をその対外的諸関係によって固めることであろう。それは、万民法、すなわち、交易、戦争と征服の権利、国際公法、同盟、交渉、条約、等を含む。しかし、これらすべては、近視眼の私にとっては、あまりに広大な新しい対象である。私は、もっと身近なことに、いつも眼をそそいでいるべきであったかもしれない(七〇)。

終わり

訳注

表題

（一） **droit politique** は、ディドロ＝ダランベール『百科全書』によれば、都市、地方もしくは国家の統治のために従うべき諸規則をさす（第五巻）。ルソーの場合は、この語によって、これらの実定法の根拠となるはずの普遍的原則をあらわそうとしているので、理念としての国家〔基本〕法とも訳しうるが、慣用の英訳が **political right** であることも考慮し、政治的権利と訳しておく。ルソーが本書において強調しているのは、契約にもとづく結社の秩序を維持するために行使される権利――自然や力に由来する権利とは区別された――の独自性なのだから、この訳語も不適当ではなかろう。この権利の上に立たなければ、いかなる国家基本法も恒久的なものとはなりえない、というのがルソーの主張である。

緒言

（一） 未発表の『政治制度論』のこと。

第一篇

（一） ここでは、奴隷という語は、精神的な意味に転じて用いられている。次のテキストを参照。「支配そのものですら、世論に服している場合は、奴隷的である。君が偏見によって支配している人々の偏見に、君自身が依存しているからだ」（『エミール』第二篇、白水社版ルソー全集、第六巻、八五ページ）。「自由は、自分の意志を行使することよりむしろ、他人の意志に屈服させられないこと、ひいては他人の意志を自分の意志に屈服させないことに存するのです。支配者であるものはだれも自由であることはできません。支配すると は服従することなのです」(『山からの手紙』第八の手紙、白水社版ルソー全集、第八巻、三八六ページ)。なお、「金持も同胞の援助を必要とする」点については、『人間不平等起源論』第二部を参照。

(二)『戦争と平和の法』(バルベーラック仏訳)第一篇第三章八。

(三) ホッブズは、君主政が国王の利益のためだけに仕えるものとは考えていなかったから、グロチウスと並べるのは、不当な扱いであるとの批評もあるが、ここでは、ルソーは、君主政を最良の統治形態とみなしたホッブズの感じ方に言及したのであろう。

(四) アレキサンドリアのフィロン(西暦五四年没)はユダヤ人の哲学者。改宗を強要されたユダヤ人のためにローマへ嘆願にいったが、失敗に終わった。その記録『ガイウス(カリグラ)への使節』のなかで、本文のカリグラの言葉がしるされている。

(五)『政治学』第一篇第二章、一二五二a。

(六) ローマ神話の神で、ギリシア神話のクロノスにあたる。クロノスの子ユピテルは父を王位から追い、二人の兄弟とともに世界を三分割した、と言われる。

(七) 第一篇の冒頭のパラグラフをさす。

(八)『戦争と平和の法』第一篇第三章八。

(九) オデュッセイアとその部下が、片目の巨人族キュクロプスにとらえられ、洞穴に閉じこめられていた話をさす。

(一〇) ホッブズとプーフェンドルフ。グロチウスに関しては、『戦争と平和の法』第二篇第七章五。

(一一) 在位一二二六―七〇。貴族のあいだの争いをやめさせるため、四十日間の休戦期間を守るよう命令した。

(一二) 一〇三五年、教会が貴族間の私闘や決闘を一定期間やめさせるために発した宣言。

(一三) 原文の politie は、ギリシア語のポリテイアのフランス語表記。ルソーは、印刷に際して、politie を politique としないよう、レイに書信を送っている。

(一四) この注は一七六二年版にはなく、「ヌーシャテル草稿」に拠って一七八二年版につけ加えられたものである。

(一五) ローマの執政官ポピリウス・ラエス。

(一六) エトルリアの都市。前三九一年、ガリア人の侵入のさい、クルジウムとガリアとの和平調停のために派遣されたローマの使節は、それに失敗して戦闘に加わった。これがガリア人のローマ進軍の因となった、と言われる。

(一七) グロチウスが詩人に根拠を求めたという指摘は、『エミール』第五篇にもある。もっとも、グロチウス自身にはその意図はなかった（『戦争と平和の法』序説四八）。

(一八) ここではルソーは、人類の進化の諸段階をたどることなく、「生まれたばかりの社会にもっとも恐るべき戦争状態がとって代わった」（『人間不平等起源論』第二部）時点にまで、一気に進む。この恐ろしい危機から脱出するために、統治と法とが不可避となる。

(一九) 「ジュネーヴ草稿」の対応する章（第一篇第三章）で、ルソーは次のように書いている。「もし、人為《アール》が自然を助けにやってこなかったなら、人類は滅びたであろう」。一般に、「ジュネーヴ草稿」においては、社会契約の人為性がいっそう強調されている。「最初の人為が自然に加えた悪を、完成された人為が償う」（第一篇第二章）。

(二〇) 第三篇第十章の次の個所を参照。「政府が主権を簒奪した瞬間に、社会契約は破棄されたのであり、したがって、一般市民はすべて、その自然的自由の状態に権利上は立ち戻ったことになるから、彼らは服従を強制されはしても、服従する義務はない」。

（二一）　当時、citoyen, bourgeois, habitan, natif の四階級とそれ以下の隷属農民に分かれていた。第四篇訳注（一六）およびダランベール「ジュネーヴ」（白水社版ルソー全集、第八巻、一八二ページ）を参照。

（二二）　第三篇第十八章の次の個所を参照。「国家には廃止できないような基本法は何一つなく、社会契約でさえ例外ではない」。

（二三）　第二篇第四章の次の個所を参照。「主権者はある臣民〔＝被治者〕に他の臣民よりも重い負担を負わせる権利を持たない」。

（二四）　第二篇第四章の最後のパラグラフを参照。

（二五）　バルボアのこと。スペインの探検家で、太平洋を発見したのは、一五一三年フェルナンド五世の時である。フェルナンド五世はカスティリャの王である時期もあった。

（二六）　第二篇第四章の次の個所を参照。「各人は、社会契約によって自己の能力、財産、自由を譲り渡しはするが、共同体が使用するのに必要なものは〔じっさいにはその全部ではなく〕その一部にすぎない、ということは認められている」。

第二篇

（一）　プレイアード版のR・ドラテの注によれば、「ジュネーヴ草稿」での主権の定義はもっと精確である。それは、本篇本章に対応する第一篇第四章の冒頭において、次のように与えられている。「国家のなかには、それを支える共同の力と、この力を導く一般意志とがある。そして、一般意志のためにこの力を用いることこそ、主権の本質なのである」。

（二）　第三篇第十八章。

（三）　ほとんどの研究者は、ルソーの念頭にあったのはモンテスキューであるとみなしてきたが、ドラテの注によれば、ここでの批判のおもな対象は、グロチウスとプーフェンドルフの学説である。

（四） 第二篇第六章。

（五） 大使の職と年金はグロチウスに対する皮肉であり、教授の職はバルベーラックに対する皮肉である。

（六） 第二篇第四章の次の個所を参照。「意志を一般的なものたらしめるのは、投票者の数よりも、むしろ投票者を一致させる共同の利益である」。

（七） 『フランスの古今の政治についての考察』第二章。

（八） リュクルゴス、ソロンはギリシアの、ヌマ、セルヴィウスはローマの伝説的な立法者。

（九） ここでは、とりわけ第二篇第一章の「主権とは一般意志の行使にほかならない」をさしているように思われる。なお、本篇訳注（一）を参照。

（一〇） prince という語に、ルソーは特有の意味を与えているが、その意味でこの語が用いられているのは、これが最初である。ルソーによれば、prince は主権者ではなく、法の執行者すなわち行政官であるにすぎない。この語の定義は、第三篇第一章まで待たなければならない。

（一一） この批判は、モンテスキュー『法の精神』の次の個所に向けられているという点について、研究者の意見は一致している。「もっとも広い意味での法とは、事物の本性から出てくる必然的な諸関係のことである」（第一篇第一章）。

（一二） 第二篇第四章。

（一三） 「ジュネーヴ草稿」の次の個所を参照。「法律の本質を構成しているものは、その内容と形式である。形式は制定する権威のなかにあり、内容は制定される事物のなかにある」（第二篇第四章）。

（一四） 第一篇第二章参照。

（一五） プラトンは『政治家《ポリティコス》』二一六d、二六五dにおいて、国王を、家畜群の理解力の及ばない知識を持つ牧者として述べている。
（一六）『ローマ人盛衰論』第一章。
（一七）『山からの手紙』第二の手紙のなかでのカルヴァンへの評価は、一転して厳しくなっている。ここでは、立法者カルヴァンではなく、神学者カルヴァンが問題となっているためでもあろうが、やはり一七六三年の時点でのジュネーヴへの幻滅が、その評価に影響を与えているようである。
（一八）前四五一年に選ばれた十二表法の編纂官。
（一九）第二篇第一章。なお、ルソーは第三篇第十五章でもこの点を繰り返している。「人民がみずから承認したものでない法律は、すべて無効であり、断じて法ではない」。
（二〇）マホメットをさす。アラブ人はイスマエルの後裔であるとみなされていた。
（二一）イギリスの神学者で、グロースターの大監督でもあった。正統派の神学を守り、ヒューム、ヴォルテールなどと激しい論戦を続けた。一六九八—一七七九。
（二二）（　）内は一七八二年版でつけ加えられた。
（二三）二つの（　）内はともに一七八二年版でつけ加えられた。先に「柔軟であるのは青年期のあいだだけ」と書いているのに、ここでは「成熟期を待たなければならない」と書いているので、その矛盾にルソーが気づき、友人ディヴェルノワに送った一七六二年版本に（　）内の言葉を書きこんでいた。これが一七八二年版で追補された。
（二四）ピョートル大帝についてのルソーのこの評価は、大帝を卓越した立法者と見るヴォルテールの評価と鋭く対立しているので、ここでのピョートル大帝の諸改革への批判は、間接にはヴォルテールに向けられていると解することができる。これを受けてヴォルテールも、『社会契約論』のこの個所を引用して反論した。
（二五）ジェノヴァ共和国の専制と戦ってきたコルシカ人民に対するこの讃辞を読んで、コルシカの一指導者がルソーに立法を依頼する手紙を出したことから、『コルシカ憲法草案』が生まれた。なお、文末にしるされているルソーの予感は、人民にかかわるものであるから、ルソーがナポレオンという個人の栄光を予言したわけではない。

（二六）第一篇第八章。

（二七）これはルソーがもっとも愛好する着想の一つであり、いくつかの個所で取りあげられている。たとえば『政治経済論』において。「法の全力が発揮されるのは、中産階級に対してだけである。つまり富者の財宝に対しても、貧者の窮乏に対しても等しく無力だ。前者は法をくぐりぬけ、後者はそれからもれ落ちる」（白水社版ルソー全集、第五巻、八二ページ）。

（二八）第十一篇第五章では、異なる目標を持つ各国の例として、ローマ、スパルタ、ユダヤの法、マルセイユ、シナの法、ロードス、未開人の政治組織が挙げられている。そのほか、第二十、第二十二、第二十四の諸篇参照。

（二九）『フランスの古今の政治についての考察』。

（三〇）第三篇第一章。

（三一）ルソーは、主権者としての人民と臣民（＝被治者）としての人民とのあいだの媒介項として、特に政府を考えている。

（三二）モンテスキューは、統治者と被治者との関係にかかわる法を droit politique、市民相互の私的な関係にかかわる法を droit civil と呼んでいる（『法の精神』第一篇第三章）。したがって、ルソーがここで lois civiles と呼んでいるものは、モンテスキューの市民法よりも範囲が広く、市民が政治体に対して持つ関係が加えられている。たとえば、M・アルヴァックスによれば、政治的平等は財産の不平等が過度とならないという条件に依存するから、国家は、財やサービスの交換にも干渉せざるをえないが、この種の規制も、ルソーの市民法のなかに含まれる（アルヴァックス編『ジャン＝ジャック・ルソー「社会契約論」』オービエ、モンテーニュ社、一九四三年)。

第三篇

(一) 第二篇第四、第六章。

(二) 「ジュネーヴ草稿」第一篇第四章の次の個所を参照。「人間の構造のなかで魂の肉体に及ぼす作用が哲学の深淵であるのとまったく同様に、一般意志の公共の力に及ぼす作用は国家の構造のなかでの政治理論の深淵である。あらゆる立法者が頭を悩ませたのは、まさにこの点においてである」。

(三) 連比とは a:b=b:c=c:d……の形式であり、ルソーは、この形式によって、主権者 Souverain、国家 État(あるいは人民、すなわち主権者であるとともに臣民である市民の全体)、政府 Gouvernement の三者間の関係をあらわそうとしている。aを主権者(S)、cを国家(E)、bを政府(G)とすれば、S/G=G/E したがって S×E=G^2 となる。二つの比に含まれているG(政府)が比例中項である。

(四) アルヴァックスはこの個所を次のように解している。一人の人間しかいなくて、彼が主権者であるとともに臣民である場合は、現実にはありえないが、そのさいは両者の比は一対一の平等であり、臣民は主権者の分数ではなく、全主権を握っている。市民の数が増すにつれて、比は一から遠ざかり、大きくなってゆく。しかし同時に、類似性という意味での関係は、個人=臣民と一般意志とのあいだで薄くなってゆく。そこでは、個人=臣民は一般意志のなかに、自分の意志をますます見分けにくくなるからである。

(五) 二つの単比 a:b と c:d が等しいとき、両者を乗じたもの、すなわち (a×c):(b×d) が複比である。注(三)で述べた三項しか含まない連比は、その特殊ケースにほかならない。注(三)の記号S、G、Eを用いると、SG/GE の連比が得られる。E(国家あるいは人民)が一として固定されれば、SG/G となり、連比はS(主権者)によってあらわされる。そこで、Sが増加すれば、連比が増加し、それとともに S/G, G/E の単比も増加 することになる。しかるに、Eを一とすれば、$S=G^2$ ゆえに $\sqrt{S}=G$ であるから、Sが増加すれば、比例中項G（政府の力）も増大せざるをえない。

（六）　政府を含む政治体をあらわす式 $S/G=G/E$ を政府そのものに適用すれば、$Gs/Gg=Gg/Ge$ が得られる。Gsはたとえば総体としての政府の構成員の数であるから、整数であらわされ、Geはその構成員一人当たりの権力の分け前であるから、分数であらわされる。首長である最高行政官（Gg）は、最高であるとはいえ、政府の総体に、さらにはその一部である限られた中枢に、一成員として他の行政官とともに従属している。この成員数の増減（Gs）が整数級数を成す。だが一方では、他の行政官は、首長と同格ではなく、もっぱら首長に従属する側面を持つ。この成員数の増減（Ge）が分数級数を成す。それゆえ、つねに一の単位であらわされる一人の最高行政官は、一以下の分数級数と、一以上の整数級数とを媒介する単位である、とみなされうる（アルヴァックス、前掲書参照）。

（七）　ここでは、政府の意志決定を行なう最高の行政官（単数または複数）、すなわち統治者《プランス》をさす。

（八）　数が少なくなるほど。

（九）　政治体か、あるいは人民の集会。

（一〇）　ここでは、主権者を一とし、それに対する臣民の数と、政府を一とし、それに対する行政官の数とが問題になっている。前者の比において臣民の数が増加すると、後者の比において行政官の数が減少する必要がある（アルヴァックス、前掲書参照）。

（一一）　民主政をD、貴族政をA、君主政をMとすれば、たとえば、政体Mのもとに、Ma、Mdの部分が含まれうる。同様に、Ad、Am、およびDm、Daもありうる。すなわち、小文字であらわされた「他の」形態である二（たとえばMのもとでのaとd）に、単一形態（D、A、M）の三を掛けると、計六という多数の混合形態が得られる。

（一二）　モンテスキュー『法の精神』第三篇第三章。

（一三） ヴォーンによれば、じっさいはポーランド国王スタニスラスの父ではなく祖父の言った言葉。
（一四） 『ポリシノディ論批判』の次の個所を参照。「善い元老院議員になることにより、けっきょくは悪い市民となる」（白水社版ルソー全集、第四巻、四四六ページ）。なお、同じページの原注（1）およびそれに付された訳注（一三）をも参照。
（一五） 『政治学』第三篇第七章、一二七七b。
（一六） 二度用いられている「代表する」という語に関して、編者たちにより二つの疑義が述べられてきた。まず、集合的存在である主権者は、その集合的存在によってしか代表されえないから（第二篇第一章）、当然国王によっては代表されえない。したがって、ここでの「代表」とは、集合的存在である政府の執行権が単一個人に集中することをさす、と解すべきである。次に、他の諸政体、すなわち民主政と貴族政においては、一個の集合的存在が一人の個人を「代表」する、と述べられているが、政府は本性上個人ではなく団体である。したがって、ここでの「代表」とは、集合的存在である政府が、あたかも個人であるかのようにふるまうことをさす、と解するほかはない。
（一七） ヘブライの預言者。『旧約』サムエル前書第八章一一―一八参照。
（一八） この注は一七六二年版にはなく、一七八二年版でつけ加えられた。
（一九） 第三篇第三章の最後のパラグラフ。
（二〇） このパラグラフの全体は印刷中に追加された。その目的は、当時の宰相であり、ここで「天成の政治家の一人」という讃辞がささげられているショワズールへの配慮にあったが、逆の効果をもたらした（桑原武夫・前川貞次郎訳『社会契約論』岩波文庫、二〇七ページの訳注参照）。
（二一） プルタルコス『王および偉大な将軍の金言録』第二二節。ディオニュシオスは一世（前四三〇頃―三六七）をさす。ギリシァのシュラクサイの僭主。プラトンを招き、みずからも悲劇を書いた。

（二二）　第一篇第二章。「ジュネーヴ草稿」第一篇第五章では、この反論がもっと詳細に展開されている。

（二三）　『サン＝ピエール師のポリシノディ論抜粋』第一章の次の個所を参照。「奇蹟的にだれか偉大な魂の持主が王国のつらい責務を十分に果たすことがあるとしても、王位継承のなかで確立された相続順位と王位の継承者たちへの常軌を逸した教育とが、一人の真の王の代わりに百人もの愚か者をつねに生みだすだろう」（白水社版ルソー全集、第四巻、四一二ページ）。

（二四）　『政治家《ポリティコス》』をさす。

（二五）　ボシュエやカルヴァンをさす。

（二六）　モンテスキュー『法の精神』第十一篇第六章参照。また、ルソーのイギリス国家制度への言及に関しては、『山からの手紙』第七の手紙参照。

（二七）　『ポーランド統治論』第七章参照。

（二八）　プラトン、アリストテレス、ポリビウス以来、この問題を省略する政治学の著書はない。

（二九）　第三篇第三章。

（三〇）　第三篇第一章で見たように（訳注三）、理想的には主権者／政府＝政府／国家（人民）の連比が成立する。ここでは連比が成立せず、政府が主権者に対して強過ぎ、人民に対して弱過ぎる場合が問題となっている。そこで均衡をもたらすためには、政府を分割して（スパルタの二人の国王、ローマの二人の執政官の場合のように）、政府の主権者に対する力（人民に対する力ではなく）を弱めることが必要である（アルヴァックス、前掲書）。

（三一）　たとえば、ローマにおける護民官の設置。護民官の果たす均衡化の機能については、第四篇第五章参照。

（三二）　『法の精神』のなかで風土の研究にあてられた諸篇、とりわけ第十七篇に言及している。

（三三）　第二篇第九章第二パラグラフ参照。

（三四）　シャルダン（一六四三―一七一三）は有名な『ペルシア旅行記』（四冊、アムステルダム、一七三五年）の著者で、引用は第三巻、七六、八三―八四ページから。

（三五）　ナポリの遊園地。

（三六）　エジプトから大西洋にいたるアフリカ大陸北岸の諸国。

（三七）　このパラグラフで比較されている前者と後者は、R・グリムズリによると、それぞれ君主政と民主政をさす（グリムズリ編『ジャン＝ジャック・ルソー「社会契約論」』オックスフォード大学出版部、一九七二年）。

（三八）　タキトゥス『アグリコラ』第二十一章。

（三九）　同前、第三十一章。

（四〇）　レス（一六一三―一六七九）のこと。「高位高官たちのもめごと」とはフロンドの乱をさしている。「懐中の短刀」のことは、彼の『覚書き』第三篇にしるされている。

（四一）　『フィレンツェ史』序文。フランス語への自由訳。

（四二）　『ポーランド統治論』の次の個所を参照。「『社会契約論』で述べたように、執行権を委託された団体は強引かつ不断に立法権を服従させようとする傾向があり、そして、遅かれ早かれ、そういうことになる」（白水社版ルソー全集、第五巻、三八八ページ）。『山からの手紙』第七の手紙においても、ルソーは、同じ簒奪の過程を述べたあと、次のように結んでいる。「すべての民主制国家がどのようにして最後に滅びるかは、かくのとおりです」（白水社版ルソー全集、第八巻、三五四ページ）。

（四三）　一六一二年に刊行された匿名の書。神聖ローマ帝国のヴェネツィア共和国に対する領有権を確認する意図のもとで書かれている。

（四四）　人民の権利を擁護する護民官の制度については、『ティトゥス・リヴィウス論』第一篇第三、第四章。

（四五）　ルソーは「無政府」という語を合法的でないすべての政府をさすために用いており、今日のように、政府の不在という意味で用いてはいない。

（四六） 第二篇第四章の次の個所を参照。「一般意志のすべての真正の行為は、全市民に等しく義務を負わせ、また恩恵を与える。したがって、主権者はただ国民という団体を認めるだけであって、これを構成する個々の人々を区別しない」。

（四七） 本章と最終章では、ルソーはジュネーヴの状況を念頭に置いているようである。そこでは、名目的には総会に属している権力を、小評議会《プチ・コンセイユ》が次第に簒奪していった、とルソーは考えている。『山からの手紙』第八の手紙参照。

（四八） すなわち、連邦制度によって。第十五章の最後の原注参照。

（四九） イギリスの下院議長は、**speaker**（**orateur**）の称号を持つことをさす（平岡昇・根岸国孝訳『社会契約論』角川文庫、訳注による）。

（五〇） **finance** は、古くは、金で決着をつけること、身代金を支払うことを意味していた。

（五一） フランスをさす。

（五二） グラックス兄弟の兄はティベリウス、弟はガイウスで、ともに前二世紀後半のローマの護民官。彼らのめざした改革は失敗に終わった。

（五三） 先駆警吏《リクトール》は古代ローマの官吏。執政官、独裁官に先立って行進する護衛で、犯罪者に対し、笞打ち後の斬首を宣告する役目を持っていた。執政官には彼らの十二人が随行した。

（五四） クリアの民会が威信を失うにつれ、貴族たちは、自分たちの代わりに先駆警吏を集会に出席させた。第四篇第四章の次の個所を参照。「クリアの民会のなすべきことを、先駆警吏三十人が集まるだけで取り行なうほどになった」。

（五五） 第一篇第二、第四章。

(五六)　ドラテの注によれば、古代の共和国ではなく、近代の大国家を取り扱うさい、ルソーは代表に関してもっと柔軟で現実主義的態度をとっている。すなわち、ルソーは、『ポーランド統治論』第七章において、大国では代表は不可避であることを一応認めたうえで、代表者の腐敗を防ぐ手段を論じている（白水社版ルソー全集、第五巻、三九〇—三九一ページ）。

(五七)　「ジュネーヴ草稿」では、ルソーは「そこから、国家はせいぜいただ一つの都市に限定されるべきだ、ということになる」（第二篇第三章）と、いっそう強く断定している。

(五八)　『政治制度論』の続篇。

(五九)　連邦制度論についてのルソーの見解は、『永久平和論批判』、『ポーランド統治論』のほか、『エミール』第五篇のなかの「社会契約論」要約において、断片的に述べられている。

(六〇)　社会契約を服従契約とみなした中世以降のすべての著者たちをさす。ルソーはこの通説を『人間不平等起源論』第二部の一つのパラグラフで要約している。

(六一)　第一篇第四章の特に次の個所を参照。「要するに、一方には絶対的な権威を、他方には無制限の服従を取り決める約束は、中味のない、矛盾した約束である」。

(六二)　第三篇第十三章。

(六三)　『社会契約論』がジュネーヴにおいて焚書の処分を受け、ルソーがあらゆる政府の破壊を望んでいると非難されるにいたったのは、とりわけこの一節のためである、と言われている。

(六四)　第一篇第七章の訳注（二二）の付せられている個所を参照。

(六五)　『戦争と平和の法』第二篇第七章二四。

第四篇

（一） スイスの農村地帯の諸州をさしていると思われる。
（二） フロンドの乱の指導者の一人。
（三） 第二篇第三章参照。
（四）「討議」「意見表明」「投票」の区別については『山からの手紙』第七の手紙の原注（白水社版ルソー全集、第八巻、三七七ページ）参照。
（五）『歴史』第一篇第八十五章。オットー（三二―六九）、ヴィテリウス（一五―六九）は、いずれもローマの軍人で、皇帝に推された。
（六） これは、自然法の哲学者（たとえばプーフェンドルフ）によって一般に受け入れられ、ロックによって確認された原則である。
（七） 第一篇第四章および『人間不平等起源論』第二部の次の個所を参照。「奴隷の母から生まれた子供は奴隷として生まれると、おごそかに宣言した法学者たちは、別の言葉で言えば、ある人間は人間として生まれることはないと決定したのであった」
（八） 部分的結社または徒党による弊害に関しては、第二篇第三章を、政府の権力乱用による弊害に関しては、第三篇第十八章をそれぞれ参照。
（九） 以下の第三、第四章。
（一〇）『ポーランド統治論』第九章参照（白水社版ルソー全集、第五巻）。
（一一） 第三篇第十七章。
（一二） 十三世紀から共和政の終わりまで、統領の選挙はほとんどの場合、次のようにして行なわれた。ヴェネツィアの大評議会が三十人の市民を選び、これらが九人の市民を、その九人が四十人の市民を選び、その四十人のうち十二人がくじで選ばれ、その十二人が二十五人を選び、その二十五人のうち十一人がくじで選ばれ、その十一人が四十一人を選び、この四十一人の市民が統領を選んだ。

（一三）『法の精神』第二篇第二章。

（一四）ヴェネツィアの聖バルナバス地区に住む貧しい貴族。

（一五）ジュネーヴの総会のこと。市民とブルジョワの全体からなる会議体で、これがジュネーヴの主権者であり、この会議によって選ばれる二十五人の小評議会が、法の執行を総会から委任されており、政府に相当する。第三篇訳注（四七）参照。

（一六）ジュネーヴ人は五つの階級に分かたれていた。シトワイヤン（市民）、ブルジョワ（町民）、アビタン（在留民）、ナチフ（二世在留民）、シュジェ（隷属農民）がこれらである。シトワイヤンは、シトワイヤンまたはブルジョワの息子で、市内で生まれた者に限られていた。高位の行政官となる資格を与えられていたのは、シトワイヤンだけである。ブルジョワとは、ブルジョワ証書を下付されて、すべての商業に従事しうる者をさす。ブルジョワの息子でも、市外で生まれると、シトワイヤンにはなれない。シトワイヤンとブルジョワとの合計は、千六百人を越えることはなかった。アビタンは市に居住する権利を買い取った外国人、ナチフは市内で生まれたアビタンの子供たちである。これらの二階級は制限された市民権しか持たなかったが、課税の主要な対象とされていた。シュジェは、どこで生まれたかにはかかわりなく、現に都市周辺の田舎に住む農民で、もっとも無力な階級であった。

（一七）第三篇第四章。

（一八）『サン＝ピエール師のポリシノディ論抜粋』および『ポリシノディ論批判』参照（白水社版ルソー全集、第四巻）。

（一九）この長い章と、それに続く三つの章とは、シゴニウスの『ローマ市民の古代法』およびマキァヴェリの『ティトゥス・リヴィウス論』に多くを負っていると言われている。

（二〇）ルソーは、ラテン語の三（tres または tris）から、部族（tribus）という語が生まれた、とみなしている。しかし、この二つの語のあいだには、おそらく語源的な連関はない。
（二一）セルヴィウスをさす。
（二二）ヴァロ（前一一六―二七）はローマの文人で、引用はシゴニウスの前掲書によって引かれている『農業論』から。
（二三）プリニウス（二三か二四―七九）はローマの著述家で、博物学への関心が深く、『博物誌』三七巻を著わした。この引用はシゴニウス右同書に引かれている『自然誌』第十八篇から。
（二四）アピウス・クラウディウスはサビニ人の出。ローマの執政官となった。
（二五）ケンソルは、戸口調査官とも訳される。戸口調査を行なうとともに、市民全般の身分を財産、血統などによって査定し、さらには、元老院議員および騎士の品行を監視した。
（二六）ロムルスをさす。
（二七）ローマの将軍ガイウス・マリウスのこと。
（二八）貴族を主人または保護者とする被護民は、外国人、征服された国の住民、奴隷の身分から解放された自由民、自由民の女性の私生児からなっていて、彼らの権利は厳しく制限されていた。したがって、ルソーはこの制度を理想化し過ぎた、という批判もある（グリムズリ、前掲書）。
（二九）高位の行政官である執政官、戸口監察官などのために象牙の座席（chaise curule）が保留されていた。ここで言う高位の行政官（Magistrats curules）とは、この座席へ着く権利を持つ行政官をさす。
（三〇）秘密投票は前二世紀に導入された。
（三一）『法について』第三篇一五―一七。モンテスキュー『法の精神』第二篇第二章参照。
（三二）『山からの手紙』第九の手紙において護民府に言及されている二つのパラグラフとその原注を参照（白

水社版ルソー全集、第八巻、四三〇―四三一、四五〇―四五一ページ)。
(三三) 数学の比例の応用については第三篇第一章および第七章参照。
(三四) ローマの護民官は、前四五七年頃から、政府に対する人民の力を強化するために設けられた。すなわち、行政、選挙、立法、元老院議決に対して干渉を行ない、平民会を召集して議決した。その議決(前出一三八ページの平民決議)は法として拘束力を持つまでにいたった。第三篇訳注(五二)のグラックス兄弟の改革とは、大土地占有の制限や元老院の権限剝奪などの企てである。
(三五) スパルタの監督官は、毎年五名が市民から選ばれ、王以下の官職者を監督し、法廷に召還する権利を持つ最高官であった。
(三六) スパルタ王アギス四世(前三世紀)。改革を計って、貴族、監督官に殺された。
(三七) クレオメネス三世のこと。アギス四世の後継者で、貴族を弾圧し、王権を強化した。この両者についてのルソーの記述は、プルタルコス『アギスとクレオメネスの生涯』によるものとされている。
(三八) par degrés の代わりに par décret となっている版もある(たとえばグリムズリ版)。
(三九) カエサルとアウグストゥスをさす。
(四〇) hautement を、アルヴァックスは「高所から」と解している。
(四一) アルバはラティムの都市。周辺の多くの都市の連合のなかにあって覇権をふるっていたが、ローマと争って敗北し、ローマに吸収された。
(四二) 当時の独裁官の権限は、特定の状況への適応に限定されていたので、のちのスラやカエサルの場合のような独裁制とは異なっていた。
(四三) 新築の殿堂を神に献納する儀式。
(四四) カティリナが執政官になろうとしてクー・デタを企て、執政官キケロなどの努力によって失敗に終わった事件。

(四五)　これは、キケロが、カティリナ一味の処刑について元老院に相談しただけで、人民の裁判にかけなかったことをさす。この違法の処刑が、のちに彼が追放される理由となった。

(四六)　習俗と法体系との関連については、第二篇第十二章参照。ただし、そこでは、逆に習俗が法体系に対して持つ規定因としての役割が強調されている。

(四七)　プルタルコス『スパルタ人の格言』。

(四八)　この注は、ルソーがディヴェルノワに送った本のなかに書きこんだ文章を、一七八二年版が、短く書き直して追加したものである。

(四九)　この話はプルタルコス『スパルタ人の格言』のなかに出ているが、そこではサモス人ではなくキオス人となっている。ところが、キオス人は便所の俗語である chiots に通じるので、これをサモス人に代えた、ということなのであろう。もっとも、ルソーは、書きこみのなかで、この書き替えにかこつけ、「フランス人は、その言語をお上品なものにし過ぎて、フランス語では真実が語れないほどになってしまっている」と結んでいるので、書きこみの動機は、この点にもあったかと思われる。

(五〇)　この章は、一七六〇年の十二月にレイに渡された『社会契約論』草稿には含まれておらず、一七六一年の十二月につけ加えられた。「ジュネーヴ草稿」では独立の章としての表題を与えられてはいない。そこでは、「立法者について」の章の続きに書きこまれていた。あとで決定版に加えられたとはいえ、市民宗教の構想は、一七五六年八月十八日にヴォルテールへ送った手紙のなかに、すでに現われている。すなわち、ルソーはそのなかで著作の計画を語っており、各国家において人々は市民的な信仰告白を持つことが望ましい、と述べている。なお、ルソーは『山からの手紙』第一の手紙（白水社版ルソー全集、第八巻）において、この章に向けられた非難に答えた。

（五一）　第一篇第二章の訳注（四）の付せられている個所を参照。
（五二）　多神教とは、普通は同一の宗教体系のなかに多様な神々が併存していることを意味するが、ここでのルソーの用語法は、それとは異なり、都市国家ごとにそれぞれに固有の神が礼拝されていることをさす。
（五三）　モロッコはアンモン人の神。サトゥルヌス、クロノスについては、第一篇第二章の訳注（六）を参照。
（五四）　フォカイアは小アジアの大きい町の一つ。前三五六年に宗教上の理由で、テバイとのあいだに戦争が起こったが、フォカイア側の敗北に終わった。
（五五）　タレントゥムはイタリアの都市で、商工業によって栄えた。スパルタの植民地となり、のちにローマに併合された。
（五六）　国家という単位のなかで宗教と政治とが結びついている制度。
（五七）　プレイアード版は partie であるが patrie とする異本もあるので、これを採用した。
（五八）　ルソーは、この手紙をバルベーラック仏訳『戦争と平和の法』の訳者序文のなかで読んだようである。
（五九）　ピエール・ベール（一六四七―一七〇六）はフランスの哲学者。ウォーバートンについては、第二篇訳注（二一）参照。ベールの直接の影響を見いだそうとするヴォーンの意見に反し、ドラテは、その注において、ルソーはモンテスキューを通してベールを読んだ、と主張している。『法の精神』第二十四篇第六章参照。ウォーバートンについても、ドラテは、『教会と国家の連盟』（仏訳一七三六年）にルソーの議論が向けられているとし、別の著書を挙げたヴォーンと見解を異にしている。
（六〇）　内的宗教と外的宗教との区別は、すでに『エミール』のなかの「助任司祭の信仰告白」のなかで行なわれている。「宗教の儀式と宗教そのものとを混同しないようにしよう。神が求めている礼拝は心情の礼拝なのだ。そして、それがまじめなものであれば、かならず一様であるはずだ。……外面的な礼拝について言えば、秩序を保ってゆくために一様な形をとらなければならないとしても、それはまったく治安上のことなのだ」。

なお、本文のこのパラグラフに出てくる「純粋に内的な礼拝」「真の有神論」という特徴は、「信仰告白」の言う自然宗教の特徴と同一であり、この点でも、ルソーが内的宗教は一様であると考えていたことが確認できる。

（六一）　自然的神法と実定的神法という特異な用語は、自然法の普遍的な側面と特殊的な側面とに対応しているようである。

（六二）　sacer estod. この言葉とともに、人は他の市民から切り離され、神にささげられた。

（六三）　「あきらめ」以外の手段としては、「愛《シャリテ》」「優しさ」「謙譲」が考えられる。

（六四）　ファビウス・マクシスム（?―前二〇三）はローマの将軍。マキァヴェリ『ティトゥス・リヴィウス論』第三篇第四十五章では、ファビウスが先制よりも迎撃を選んだことに、称讃が与えられている。

（六五）　第二篇第四章。

（六六）　『フランスの古今の政治に関する考察』から引かれているようであるが、一七六四年に公刊された初版には、この文章は見当たらない。それ以前に、草稿があることは知られていた。

（六七）　しかし、ルソーは『新エロイーズ』第五部手紙五の注のなかで次のように述べている。「真の信仰者に、不寛容で迫害する者は一人もいない……。もし、私が行政官であって、無神論者を死刑に処する法があるとすれば、私はまず、他人を無神論者だと告発しにくるような者を、だれでも火刑にさせることから始めるだろう」。

（六八）　この注は、初版の印刷済みの段階でルソーの求めに応じ削除された。しかし、少数の部数はすでに出回っていた。この注が、公認されて現われたのは、一七八二年版からである。ルソーは、フランスのプロテスタントの結婚が公認されず、その子供たちが私生児扱いにされている状態に、人道的な関心を抱いていた。その点に言及した最初の注が、ここで問題にしている注より先に書かれていたが、これもルソーによって問題の注に差し替えられた。最初の注は、「ジュネーヴ草稿」にあるものと同じであろう、と推定されている。

（六九） これは、プロテスタントの牧師が、どの宗教によっても救済されうると言ったのに対し、カトリックの僧侶が救済はローマ教会においてのみ可能だと言ったので、アンリ四世が一五九三年にカトリックに改宗したことをさす。ルソーは、誤った理論を信用して自分の利益のためだけに不寛容な宗教を選び、その結果、臣民の自由を束縛する君主の不誠実を非難している。

（七〇） この短い結論は、結論というよりも、むしろ続く研究プランの提示である。この対外諸関係のなかに置かれた国家の研究が、未発表に終わった『政治制度論』の第二部を構成していた、と推測されている。

社会契約論または共和国の形態についての試論（一）（初稿）

第一篇　社会体の基本的概念

第一章　この著作の主題

ずいぶん多くの高名な著者が、統治《グーヴェルヌマン》の諸格率と市民法《ドロワ・シヴィル》の諸原則(一)について論じてきたので、この主題について、これまでに語られていないような有益な発言をする余地はまったくない。しかし、もし、はじめに社会体の本質をもっとよく規定しておいたならば、おそらく、いまよりももっとよく意見が一致していたことであろうし、またおそらく、社会体の最善の諸関係が、もっとはっきり定められていたことであろう。私が本稿で試みたのは、まさにこの〔社会体の本質を規定する〕ことなのだ。それゆえ、ここでは、社会体の運営が問題なのではなく、その設立が問題である。私が語るのは、それがどうして成立するかであって、それがどのように行動するかではない。私は、社会体のぜんまいや部分について述べ、それらを然るべきところに配置する。私は、機械を動ける状態に置くだけだ。その運動をどう規制するかについては、ほかのもっと賢明な人々が論じるだろう。

第二章　人類の一般社会について

まず、どうして政治制度が必要となるのかを、探求することから始めよう。

人間の力は、彼の自然の欲求と原初の状態とにきわめてよく釣り合っているので、この状態が少しでも変化し、その欲求が少しでも増大すると、同胞の援助が必要になってくる。[三] そして、ついに彼の欲望が全自然をおおうにいたると、全人類が協力しても、欲望を鎮めることが難しくなる。こうして、われわれを邪悪にするのと同じ原因が、われわれを奴隷にもするし、また、われわれを屈従的にするとともに堕落させるのである。われわれの無力感は、われわれの本性からくるというよりも、むしろわれわれの貪欲からくる。欲望がわれわれを互いに接近させるにつれて、情念がわれわれを互いに分裂させるので、われわれが同胞の敵となればなるほど、同胞なしでは過ごすことができなくなる。このようなものが、一般社会〔と言われているもの〕[四]の最初のきずななのである。すなわち、このようなものが、例の〔人類に〕普遍的な愛他心の基礎なのであるが、この愛他心の必要性はだれもが認めているものの、そのために感情は圧殺されるらしく、各人は、愛他心を育てようとは努めないで、ただその果実だけを取りこもうとしているかのようだ。人間の本性の同一性との関連で言うと、その効果が、この場合には無に帰してしまうからである。というのは、この同一性は、人々にとって、結合の因であるのと同程度に闘争の因であり、彼らのあいだに協調と合致をもたらすのと同じくらいに競争と嫉妬をもたらすからだ。

こうした新しい事態から、尺度も規則も一貫性もない多くの関係が生まれるのであって、人々はこれらの関係をたえず変質・変化させてゆき、これらを固定しようと努める一人の人に対して、破壊しようと努める者が百人もいる、といったぐあいである。そこで、〔いわゆる〕自然状態[五]における人間の相対的な生存は、不断に流動する多くの他の〔＝自然への依存以外の〕関係に依存しているので、人間は、その生涯のあいだ、たとえ一瞬でも自分が同じ人間であるという確信を抱くことができない。平和と幸福とは、彼にとってつかのまの輝きであるにすぎない。恒久的なものがあるとすれば、それはただ、これらの有為転変がもたらす悲惨のみである。彼の感情や思想が、秩序への愛や徳の崇高な観念にまで高まるときがあるとしても、善も悪も、善人も悪人も見分けがつかないような事態では、こうした〔道徳の〕諸原理を確実に適用することは、断じて不可能であろう。

それゆえ、この種の一般社会は、われわれの相互利用の必要から発生してくるかもしれないが、それ以前にすでに惨めになっている人間に対しては、有効な援助を与えはしない。この社会は、せいぜい、すでに力を持ち過ぎている者に対して、新たな力を与えるだけのことである。一方、多数のなかでさまよい、窒息し、押しつぶされた弱者は、難を逃れるどんな隠れ家も、弱さに対するどんな支援も、見つけることはできず、ついには、彼がそこに幸福を当てにしていた見せかけの結合の犠牲となって、滅んでゆくのである。

（人々がみずから進んで相互に結合するにいたった動機のうちには、和合にまで到達するものが何もない、ということ、各人が共同の至福を目標とし、そこからそれぞれの至福をひきだそうとめざすどころか、一人の幸福は他人の不幸をもたらす、ということ、これらの点がひとたび納得されるなら、また、人々のすべては、全体の福祉に向かう代わりに、全体の福祉から遠ざかろうとするからこそ、相互に接近し合うのだということが、ついに見えてくるなら、このような状態がたとえ存続しうるとしても、それは人々にとって罪悪と悲惨の源泉にすぎない、ということも感知されるに違いない。なぜなら、各人は自分の利益しか見ず、自分の性向にしか従わず、自分の情念にしか耳を傾けないからである[六]。）

こうして、自然の優しい声は、もはやわれわれにとって、間違いのない導き手ではなくなり、自然から受け取った独立も、望ましい状態ではなくなる。平和と無垢は、われわれがそれらを味わうまでにいたらないうちに、永久に失われてしまった。黄金時代の幸福な生は、原始時代の愚鈍な人間には感じ取ることができず、後世の開明された人間からは逃れ去ってしまったので、どんなときにも人間という種に無縁な状態であった。この生を楽しむことができるときには、それに気がつかず、それに気づきえたときには、それを失っていたからである。

それだけではない。この完全な独立、この規制のない自由は、遠いむかしの無垢に結びついたままであったとしても、本質的な欠陥、われわれのいっそうすぐれた能力の進歩にとって有害な欠陥を、持ち続けてきたことだろう。すなわち、全体を構成する諸部分間の紐帯の欠如である。相互のあいだに、ほとんどどんな交渉もない人々が、地上に広がっていたことだろう。われわれは、ところどころで接触するが、どこにおいても結合するまでにはいたらなかったであろう。[七] 一人一人が、他人のなかにあって孤立したままであり、自分のことしか考えなかったであろう。われわれの悟性は発達しえなかったであろう。われわれは、何も感じないで生き、生きたとは言えないままに死んでいったであろう。われわれの幸福は、ただわれわれの惨めさに気づかないことだけにかかっていたことであろう。われわれの心情には善意はなく、われわれの行動には道徳性がなかったであろう。そして、われわれは、徳への愛という魂のもっとも甘美な感情を、一度も味わうことはなかったであろう。

（たしかに、人類という語は、それを構成する個人間のどんな現実の結合も前提としないような、純粋に集合的な観念しかよび起こさない。お望みなら、次の仮定をつけ加えてもよい。人類を一個の精神的〔＝団体的〕人格として考えてみよう。人類に個性を与え、統一体を成立させる共同所属の感情とともに、一般的な、全体にかかわる目的に向けて各部分を動かす普遍的な原動力をも備えた精神的人格として。この共同感情は人類愛の感情であり、自然の法が全機構を活動させる原理であると考えてみよう。次に、人間の素質は、同胞と結ぶ関係のなかで、どういうことになるかを観察してみよう。そうすると、われわれの仮定とはまったく逆に、社会の進歩は、個人的利害に目覚めさせることによって、心のなかの人類愛を窒息させること、自然法、あるいはむしろ理性の法と呼ぶべきこの法の観念は、情念がそれより先に発達し、この法の掟《おきて》をすべて無力にしてしまうときになって、ようやく発展し始めるにすぎないことを、見いだすであろう。以上のことから、このいわゆる自然によって課せられた社会的協約なるものは、まったくの妄想であることがわかる。なぜなら、その協約の諸条項は、つねにはっきりしていないか、または実行不可能なものだからであり、したがって、当然人々はそれらに気づかないか、または違反するに違いないからである。

もし、一般社会が哲学者の体系の外に実在するとすれば、それは、すでに述べたように、一個の精神的存在であって、この社会を構成する個々の存在とははっきり区別された固有の性質を持つであろう。そのことは、化合物が、その構成物質のたんなる混合からはけっして出てこないような属性を持つのと、ほとんど同様である。この社会には、自然がすべての人間に教えた普遍的な言語があって、これが、彼ら相互の交渉の最初の道具となるだろう。そこでは、すべての部分の交感に役立つ一種の共感覚器官があるだろう。公共の幸福あるいは不幸は、単純な加算の場合のように、個々の幸福あるいは不幸の総和にとどまるのではなく、それらを結びつけている関係のうちにあり、この総和よりも大きいであろう。だから、公共の福祉は、個々人の幸福の上に成り立つもので

あるどころか、まさにこれらの幸福の源泉なのである。（八）

独立の状態においては、理性のおかげで、各自がみずからの利益のために、共同の福祉に協力するにいたる、というのは誤っている。特殊な利益は、一般の福祉と調和するどころか、事物の自然な秩序においては、特殊な利益は相互に排除し合う。また、社会の法は、だれもが他人には進んで押しつけたがるが、自分自身には課そうとはしない軛《くびき》なのである。賢者が抑えこもうとする独立的な人間は次のように言う、「私は、人類のなかに恐怖と混乱をひき起こしているように思う。だが、自分が不幸になるか、他人を不幸にするか、そのどちらかにならざるをえないし、私にとって、自分ほどかわいい者はほかにはいない（九）」と。彼はさらに次のようにつけ加えることができよう、「私が、自分の利益を他人の利益と折れ合うように努めたところで、それはむなしいことだ。あなたが、社会の法の利益について私に語ることのすべては、私がそれを他人に対して細心に遵守する一方、他の人々もこぞってそれを私に対して遵守することが確かな場合には、適切でありえよう。だが、あなたは、その点について私にどんな確約を与えてくれるのか。それもなくて、私より強い者が私に加えようとしている悪のすべてに、自分の身をさらしながら、しかも私がその償いを弱者にあえて求めないでいるという状況、これより悪い状況がありえようか。すべての不正な企てに対する保証を、私に与えてくれ。そうでなければ、そのような企てを私のほうで断念すればよい、などと期待しないでくれ。自然の法が私に課している義務を放棄することによって、私は同時に権利をも失ってしまうのだとか、私が暴力を用いるなら、それは、他人が私に対して行使しようとしているすべての暴力を承認することになるのだとか、いくら私に言ってもむだである。私としては、自分が抑制することで、どうして暴力から免れる保証が得られるのかが、まったくわからないわけだから、なおさら、あなたの言うとおりの状態を喜んで受け入れる。そのうえ、強者を自分の味方にして、弱者からの横領品を強者と分かち合うことが、私の仕事となるだろう。このほうが、私の利益にとっても、また安全にとっても、正義よりは役に立つだろう」と。開明化した独立的な人間は、以上のように推論したはずだが、そのことは、みずからの行為の釈明を自分以外の者に行なう必要のない主権社会〔＝国家〕が、すべて同様に推論するところから明らかである。

道徳を助けるために宗教を導入し、人々の社会を結びつけるために神の意志を直接介入させようとしないかぎり、上述の論旨に対して、確固とした答えを出せるだろうか。しかし、賢者の神の崇高な観念、その神がわれわれに課する友愛の優しい掟《おきて》、純潔な魂の持つ社会的な徳、これらは神がわれわれに望む真の礼拝なのであるが、大衆にはつねに理解されないだろう。大衆には、彼ら自身のように分別のない神々が与えられ、彼らはこの神々に手軽な供物をささげて、神々の栄光のために、無数の恐ろしい、破壊的な情念にふけることであろう。哲学と法律が狂信の激情を抑えないかぎり、また、人間の声がこのような神々の声よりも強くならないかぎり、大地は流血で溢れ、人類はたちまち滅びるであろう。

じっさい、もし、偉大な存在についての観念や自然法の観念が、万人の心に生まれつき与えられていたとすれば、この両方を意図的に教えたりするのは、まったく余計なお世話というものであった。それは、われわれがすでに知っていることを、われわれに教えるに等しかった。しかも、その教え方にいたっては、むしろ忘れさせる目的のほうに、はるかにかなったやり方であった。もし、これらの観念が生得的なものでなかったとすれば、それらを神から与えられなかった人々は、それらを知らないでもよかったわけだ。これらの観念を知ろうとしてそれぞれの人民がみずからに固有の教育を必要とするにいたって以来、各人民は、それぞれにとって唯一のよい教育であることが証明された教育を行なうことになるが、そこから出てくる結果は、〔人類の〕調和と平和である以上に、しばしば虐殺と殺害なのである。

それゆえ、多様な宗教の神聖な戒律については、ここでは取りあげないことにしよう。この戒律の実行は罪悪を妨げうるが、また、それと同じ程度に、その乱用は罪悪をひき起こすからである。そこで、神学者によって、人類に害を与える仕方でしか、かつて扱われたことがなかった問題を、哲学者の検討にゆだねることにしよう。

だが、哲学者は、決定権を持つ唯一の存在である人類のまえに、私を連れ戻すだろう。なぜなら、全体の最大の幸福こそ、人類の抱く唯一の情念なのだから。哲学者は私に次のように言うであろう、「個人が、どこまで人間であり、市民であり、臣民であり、父であり、子であるべきかを、また、生きながらえ、そして死ぬべき、適当な時期はいつなのかを知るために、問いかけなければならないのは、一般意志に対してである」（一〇）と。「なるほど、私が問い合わせることのできる規則が、たしかにそこにあるということは、よくわかる」と、わが独立人は言うだろう、「だが、なぜこの規則に従わなければならないのか、その理由が私にはまだわからない。何が正義かを、私に教えてくれることが問題なのではない。正しく振舞うことで私にどんな利益があるかを、私に示してくれることが問題なのだ」と。じっさい、一般意志とは、各個人のなかにあって、情念の抑制のうちに推論する悟性の純粋な作用であり、この推論の主題が、人間は同胞に何を要求しうるか、また、同胞は彼に何を要求する権利を持つかにかかわっているということについては、異論はまったく出てこないだろう（一一）。しかし、このように自己自身から離れることのできる人間が、どこにいるのか。また、自己保存への配慮が、自然の第一の掟《おきて》であるとすれば、このように人類全般のことを考え、自分の個人的な人格とどんな関係があるのかわからないような義務を、自分自身に課するよう強制することができるものなのか。前述の〔独立人の〕反論は、いつまでも残るのではないか。そこで、個人の利益が、どうして一般意志に従うことを要求するのかが、依然として不明のままではないか。

さらに、観念をこのように一般化する技術は、人間の悟性のもっとも困難な、またもっとも後れて現われる働きの一つである。それなのに、普通の人間が、この推論の方法によって、行為の規則を、いつかはひきだせるようになれるのであろうか。また、個々の行為に関して一般意志に問い合わす必要が生じたさい、よい意図を持った人間が、規則やその適用について思い違いをしたり、法に従っているつもりで自分の性向に従っているだけであったりすることが、幾度も起こりはしないだろうか。彼は、この誤りから免れるために、いったい何をするのだろうか。内部の声に耳を傾けるのだろうか。「だが」と人は言う、「この声は、社会のなかにあって、法律に従って考えたり感じたりする習慣を通じて、はじめて形成されるものだ。〔だから〕この声は、法律を打ち立てる役目を果たすことはできない。それにまた、例の情念、良心よりも声高に語り、その内気な声をかき消し、そんな声など存在しないとまで若干の哲学者に断言させるような例の情念が、どれ一つとして心のなかで目覚めないことが必要であろう」と。〔それでは次に〕よい意図を持った人間は、成文法の諸原理や、あらゆる民族の社会的慣行や、人類の敵でさえ暗黙に認めている約束に、問い合わせるのだろうか。(一二) 最初の困難がつねに戻ってくる。そして、われわれが頭のなかで描く社会秩序の諸観念をひきだしてくるのは、もっぱら、われわれのあいだの既成の社会秩序からなのである。われわれは、自分たちの特殊社会になぞらえて一般社会を考える。小さな共和国の設立が、われわれに大共和国を構想させる。だから、われわれは、国民《シトワイヤン》であったのちにはじめて、まさに人間となり始めるのである。そこから、人類への愛にもとづいているという条件で、祖国への愛を弁明し、全世界を愛していると誇ることで、何びとをも愛さない権利を持とうとする例の自称世界市民《コスモポリット》につい

て、どう考えなければならないかがわかる。(一三)

この点に関して以上の推論がわれわれに示していることは、完全に事実によって確認される。そして、それほど遠い古代にまでさかのぼらなくても、容易にわかることだが、自然法とか、万人に共通の友愛とかについての神聖な観念は、かなり後れて広まったものであり、これらが十分に一般化したのは、ひとえにキリスト教のおかげだと言ってよいほど、世界のなかでごく緩慢に進展していったのである。ユスティニウスの法典においてさえ、多くの点にわたって古くからの暴力が公認されており、その暴力は、戦いを宣した敵だけではなく、帝国の臣民でない者すべてにまでおよんでいた。こういうわけで、ローマの人間愛は、彼らの統治の範囲を越えては広がらなかったのである。

じっさい、グロチウスが指摘しているように、(一四)異邦人、とりわけ未開人に対しては、窃盗、略奪、虐待が許容され、奴隷にまでしてもよいと、長いあいだ信じられていた。そのことから、人が未知の者に向かって、山賊か海賊かと尋ねても、相手を怒らすにはいたらなかったのである。なぜなら、当時はそのような職業は、不名誉なものであるどころか、名誉あるものとみなされていたからだ。ヘラクレスやテセウスのような古代の英雄たちは、盗賊を相手に戦ったが、その彼ら自身が強奪行為をやめなかったし、ギリシア人は、交戦中でない民族のあいだで結ばれた条約を、しばしば平和条約と呼んでいた。異邦人という語と敵という語とは、古代の多くの民族のあいだでは、またローマ人においてさえ、長らく同義語であった。キケロは言っている、「なぜなら、いま異邦人と言われている者は、われわれの先祖のもとでは敵と言われていたがゆえに」(一五)と。それゆえ、ホッブズの誤りは、独立し、社会的となった人間のあいだに戦争状態を置いたことにあるのではなく、このような状態を人類に自然なものと仮定し、戦争状態が諸悪徳の結果であるのに、これをそれらの原因とみなしたことにある。

しかし、たとえ、人間たちのあいだに自然的で一般的な社会がないとしても、人間は、社会的になることによって、不幸で邪悪となるとしても、また、自然状態の自由のうちに生き、しかも同時に、社会状態の要求に従って生きる人々にとっては、正義と平等の法はなきに等しいとしても、それでもなお、われわれには徳も幸福もなく、神は人類の堕落に備える方策もなしにわれわれを見捨てたとは考えないで、悪そのもののなかから、それを癒すべき薬をひきだすよう努力しよう。できれば、新しい結社によって、一般的結合の欠陥を矯正しよう。それの成否については、われわれの乱暴な話相手に自分で判断してもらおう。最初の人為が自然に加えた悪を、完成された人為が償うことを、彼に示そう。彼が幸福であると信じている状態の悲惨のすべてを、彼が堅固であると信じている推論の誤謬のすべてを、彼に示そう。いっそうすぐれた事物の構成のもとでは、善行は報いられ、悪行は罰せられ、正義と幸福との魅力的な合致があることを、彼に見てもらおう。彼の理性を新しい光で照らし、彼の心を新しい感情で温めてやろう。そして、彼の存在と至福とを同胞と分かち合うことによって、これらがいかに増大するかを、彼に学んでもらおう。この企てにおいて、私の熱情が私を盲目にしていないのなら、次のことを疑わないでおこう。強い魂と正しい分別を持つにいたって、例の人類の敵は、彼の憎悪を、誤謬とあわせて、ついに放棄するだろう。彼を迷わせていた理性は、彼を人類へと連れ戻すであろう。彼は、見かけの利益よりも十分に納得のゆく利益のほうを、優先させることを学ぶだろう。彼は善良で有徳で感じやすくなり、そして、最後に要約すると、彼がそうあろうと望んでいた残忍な盗賊から、十分な秩序を持つ社会のもっとも堅固な支え手へと変身するであろう。

訳注

（一）「社会契約論」という表題は一度「市民社会論」と改められ、ふたたび最初のとおりとなった。副題のほうにもためらいがあり、「国家の構造」、「政治体の形成」、「国家の形成」、「共和国の形態」についての試論、というふうに、移っていった。

（二）『社会契約論』第二篇訳注（三二）で述べたように、モンテスキューは、統治者と被治者との関係に関わる法を droit politique、市民相互の私的な関係にかかわる法を droit civil と呼んでいる。この二つに、本文の「統治の諸格率」と「市民法の諸原則」とが、それぞれ対応しているように思われる。もっとも、ルソー自身は、第二篇第十二章で述べているように、市民法に関しては、モンテスキューよりも広い意味を与えている。

（三）これに反して、純粋な自然状態においては、人間は他人の援助なしにすますことができる。『人間不平等起源論』第一部、白水社版ルソー全集、第四巻、二一九―二二〇ページのパラグラフ参照。

（四）この表現は、おそらく、プーフェンドルフの次の一節に向けられている。「この普遍的な愛他心の基礎や動機は、自然または人類の一様性を仮定しなければ、ほかのどこにも見いだされない」（『自然法と万民法』第二篇第三章一八）。

（五）ここでの「自然状態」は、ルソーが仮定した純粋な自然状態、すなわち人間が他者に依存しないですますことのできる状態ではなく、相互依存が始まったばかりの状態をさす。

（六）この（ ）内のパラグラフは、草稿では斜線が引かれている。

（七）『人間不平等起源論』第一部の次の個所を参照。「森のなかに散在する人類」は、「定まった住居もなく、お互いをまったく必要とせず、おそらく一生にやっと二度ほど出会うほど」であった（白水社版ルソー全集、第四巻、二二四ページ)。

(八) この〔〕内のパラグラフは、草稿では斜線が引かれている。

(九) この文章は、ディドロ執筆の項目「自然法」『百科全書』第五巻からの引用である。

(一〇) 右の項目「自然法」六および七参照。何が正しく、何が正しくないかを決定する権利が個人にないとすれば、それを決定するのはだれか。「それを決定する権限を持つのは人類だけだ。全体の幸福こそ人類が抱く唯一の情念なのだから。……個人が、どこまで人間であり、市民であり、臣民であり、父であり、子であるべきかを、また、生きながらえ、そして死ぬべき、適当な時期はいつなのかを知るために、問いかけなければならないのは、一般意志に対してである」。以下、ディドロに反論する形で議論が進められてゆく。

(一一) 右の項目「自然法」九参照。「一般意志とは、各個人のなかにあって、情念の抑制のうちに推論する悟性の純粋な作用であり、この推論の主題が、人間は同胞に何を要求しうるか、また、同胞は彼に何を要求する権利を持つかにかかわっている、ということ」を、諸君は納得するだろう。

(一二) 右の項目「自然法」八参照。私はどこに問いあわせることができるのであろうか。「あらゆる開明化された国民の成文法の原理に、原始的で未開な民族の社会的慣行に、人類の敵同士が暗黙に認めている約束」に。ルソーはたんに「人類の敵」と書いて「同士」を略しているので、それが何を意味するのかがわかりにくいが、同項目九には、「特殊意志にしか耳を傾けない者は人類の敵だ」とあるから、それは人類の一般意志を無視する者をさす。

(一三)『エミール』第一部の次の個所を参照。「書物のなかでは遠大な義務を追い求めながら、身のまわりの人々に対する義務をあなどるような世界市民《コスモポリット》を警戒するがよい」。しかし、『人間不平等起源論』第二部においては、世界市民に反対の評価が与えられている。「諸民族を隔てている想像上の障壁を乗り越え、諸民族を創造した最高の存在の例にならって、全人類をその好意のなかに抱き込む、数人の偉大な世界市民的な人の魂……」(白水社版ルソー全集、第四巻、二四七ページ)。
(一四)『戦争と平和の法』第二篇第十五章五。
(一五)『義務について』第一篇第十二章。引用は、右訳注(一四)の仏訳書にあるバルベーラックの訳注から。

〔解題〕私と『社会契約論』

作田啓一

私はルソーに関しては晩学で、彼の著作を本気で読み始めたのは四十代の半ば頃であった。正確に言うと、桑原武夫氏の主宰する京大人文研の第二次ルソー研究会に参加してからのことである。その頃、J・スタロビンスキーの『ジャン＝ジャック・ルソー――透明と障害――』（初版一九五七年）を読み、おおげさに言えば戦慄を覚えた。そこにはこれまでの私のルソーの読み方とは全く別のものがしるされていた。たとえば『社会契約論』が『ダランベール氏への手紙』の中の祭と照らし合わせて読まれている。それは政治的著作を「文学的」に読む方法であると言えるかもしれない。もっとも、フロイトやヘーゲルを取り入れている方法を「文学的」と呼ぶことには、わが国の文学研究者の大半が抵抗を感じるであろうが。

こういうわけで、スタロビンスキーのルソー研究を知るまでは、ルソーは私にとって遠い存在であった。もちろん、私の小著（『ジャン－ジャック・ルソー――市民と個人――』人文書院、一九八〇年）はスタロビンスキーだけに依拠しているわけではない。しかし、彼が与えてくれた最初のパースペクティヴなしには、私はルソーに近づくことはできなかった。このようなルソーの読み方は、最初からもっぱら原典を読むという研究法の正反対である。このような原典主義一般を否定するつもりはない。しかし、原典を繰り返し読めば、だれでも一定のパースペクティヴを独力で作り上げることができるとは、私にはとうてい信じられない。それで、私は学生諸君に向かって原典主義を奨める自信をもたない。ただ、私の場合、どんな思想家に面しても、原典ではなく研究書を通してしかその思想家のイメージを身近に描きえなかったかというと、それは必ずしもそうではない。いく人かの思想家に関しては、研究書に頼る以前に、自分が納得できるイメージを独りで作ったこともある。ルソーに関してはそうではなかったのは、彼が遠い十八世紀の人であったためであるかもしれないし、スタロビンスキーの方法が私の中に潜在していたルソー像を現前させるのに適していたためであるのかもしれない。こういうわけで、私の場合はパースペクティヴがある程度定まったあと、『社会契約論』やその他のテキストの精読に向かったが、いずれにしてもどこかの段階で原典への密着が必要であることは言うまでもない。

私は社会学の理論にかかわってきたので、ルソーの著作の中で『社会契約論』が私には最も関係の深いテキストであった。それは人民参加の民主主義の聖典と見られてきたが、また一方では全体主義思想の先駆けとも見られてきた。個人のおのおのがみずからに属するもののすべてを全体に譲渡する側面にもっぱら注目すれば、ルソーの社会契約は全体主義的であり、その全体を形成するのは諸個人の合意であって強制ではないという側面にもっぱら注目すれば、それは民主主義的である。同じ文脈において、ルソーを集団主義者と見るか個人主義者と見るかという、さらに一般化されたルソー像の対立が現われてくる。主として『社会契約論』をめぐるこの種の論争は、私がルソーの研究書を読み始めた頃にはすでに下火になっていた。それは、『社会契約論』を社会思想史あるいは政治思想史の文脈で読むことよりも、このテキストをルソーの他のさまざまのテキストと照らし合わせ、人間ルソーの一つの言語表現として読むことのほうに、研究者たちの関心が移ったためである。そして、スタロビンスキーに導かれた私は、当然後者のほうに関心をいだいた。

『告白』や『孤独な散歩者の夢想』を読んだ読者は、同じ著者がどうして『社会契約論』のような論理的な文体で命題を積み重ねてゆく著作を書いたのか、不思議に思うだろう。たしかに、この著作はルソーの文学を愛する読者にはなじみにくい著作である。しかし、ルソーはいろいろの領域に興味をもっており、若い頃は数学や化学も独学で勉強していた。そして、遍歴したいろいろの社会の生活様式の違いや、階級ごとに異なる生活機会の配分を観察したルソーは、政治のシステムに強い関心をいだいた。その関心と、目前にあるモンテスキューの大作（『法の精神』）を理論的なモデル構成の点で超えようとする野心とが結びついた。それゆえ、『社会契約論』は、モンテスキューが行なったような実在する政治システムの比較ではなく、これらのシステムを位置づけ、あるいは批判しうるような、政治システムの論理的および規範的モデルの提示なのである。

しかし、それだけではない。ルソーはこの社会学的な著作を通して、幸福の一つの極を表現しようとした。それは個体が全体の中に自己を消失させる時の幸福である。それは、周囲のだれにもわずらわされることなく、自分の中だけで充足する「孤独な散歩者」の幸福の対極を成している。それゆえ、『社会契約論』は感情の表現を抑えた論理的な文体で書かれているにもかかわらず、ルソーという人間の全体がこの著作にかかわっているかのように、この書は読める。それが普通の政治理論にはない魅力であり、後世の人々の心を揺り動かす力ともなったのであろう。

〔解説〕社会契約による共和国の設立

川出良枝

フランス南部、ニーム近郊にそそりたつ古代ローマ帝国の遺跡ガール橋。四九メートルの高さを誇る三層のアーチからなる水道橋である。その壮麗な姿は二千年の歴史を経た今もなお、訪れる者を魅了する。二十五歳のジャン＝ジャック・ルソーもまた、この橋の勇姿に圧倒された一人である。「巨大な石を、およそ石切場からは非常に遠くにまで運び、人っ子一人住まない場所に、何千という人手を集めたのは、いかなる力によったのであろうかと思う」「自分は小さくなりながらもなにかわからないが、自分の魂を高めるものを感じていた。そして、ため息をつきながら、こう言うのであった。『なぜ自分はローマ人に生まれなかったのだろうか！』」（『告白』第一部第六巻）。

幼き頃よりプルタルコスの『対比列伝』を愛読し、古代ギリシア・ローマの英雄に憧れの念を抱いてきた若きルソーにとって、目前に迫る古代の遺跡は、ローマ市民の偉大な精神の精髄とも思われたのであろう。こうした素朴な憧れはやがてルソーの一連の政治的著作における、古代ギリシア・ローマの市民と政治に対する突出して高い評価を生み出し――ただし、子細に検討するなら、ルソーの場合、スパルタとローマへの評価は高いものの、アテナイにはきわめて批判的という興味深い傾向があるのだが

――、彼の政治思想の一つの顕著な特質となっていく。とりわけ、本書『社会契約論』（一七六二年）に先だって刊行された諸論考においては、スパルタや共和政時代のローマをあるべき政治の一つのモデルとして提示する傾向が著しい。

ルソーのデビュー作ともなった『学問芸術論』（一七五〇年）は、スパルタ市民の英雄的行為や共和政時代のローマの質朴さを引き合いにしつつ、学問と技芸の発達は人間の魂を腐敗させ、徳を消滅させるという立場が華麗なレトリックで表明される。また、『百科全書』に寄稿した論考『政治経済論』（一七五五年）においては、よき統治とは人民の利益を目的とする統治であり、よき統治を実現する鍵は人民の間に祖国愛が浸透することだとされる。こうした祖国愛の手本として、ルソーは共和政末期のローマの政治家カトー（いわゆる小カトー）を引き合いに出す。また、こうした政治を支える鍵は、スパルタやローマにおけるように、幼少期より市民が、「自分自身を国家体との関係においてのみ考えるようにし、いわば彼ら自身の存在を国家の一部分としてのみ認める」ように促す教育だというのである。

だが、こうした政治観、すなわち、古代の例を参照しつつ、国家の本質を公共の利益の追求とみなし、そのような祖国に対する市民による積極的な関与と貢献を重視するような政治観は、ルソーにのみ特有というわけではない。今日ではこうした発想はルネサンス期イタリアで展開した市民的人文主義を起点とし、主として十七―十八世紀のイギリス、また建国期のアメリカへと受け継がれていく西洋思想の一つの水脈（「共和主義」）であると捉えられ、盛んに研究が行なわれている。プルタルコスの愛読者にして、権謀術数の書としての『君主論』ではなく、共和政ローマの制度と歴史から政治的教訓を引き出そうという『リヴィウス論』の著者としてのマキアヴェッリに傾倒する（本書一一〇頁参照）という点をとってみても、ルソーと共和主義の伝統の近しさは明らかである。というのも、こうした著作こそが、共和主義に特有の思考と言説のパターンを形成するにあたってきわめて重要な役割を果たしたからである。しかも、ルソーの出身地ジュネーヴは共和政を採用していた。十六歳で祖国を離れ、生涯の大半をフランスで過ごしたとはいえ、自らを「ジュネーヴ市民」と名乗り続けたルソーにとって、共和国は決して過去のものではなく、現在の問題であり続けた。

しかしながら、ルソーの政治思想の一つの完成形とも言える『社会契約論』をひもとくとき、ルソーの思想が共和主義思想の枠内におさまるものでないことも、また自明である。この著作は、個人が契約や同意によって政治社会を形成するという社会契約という論理構成を正面から採用し、そこでルソーはグロティウスやホッブズやプーフェンドルフといった先行する自然法論者の議論を批判した上で、各人が自然的自由を放棄し、契約によって国家を設立するあるべき過程を描き出す。ルソーの考える国家の設立は、自然的自由を完全に放棄し、新たに設立された政治共同体の一員となった後も、「以前と同じように自由なままでいられる形態」をとる契約によって実現する。こうしたことが可能になるのは、すべての者が平等にその権利を共同体に放棄し、共同の自我をもつ政治体が設立されるが、それが常に共同体を構成する全員の意志、すなわち「一般意志」によって導かれるからである。一般意志は法律となってその成員を拘束するが、しかし、一般意志が一人一人の市民の意志に由来するものである以上（実際、ルソーは全員が直接参加する集会で立法するという厳しい条件を課した）、一般意志の命令に服することは自分の意志に服するのと同じである。

このような形で設立される団体を、ルソーは端的に「共和国」と呼ぶ（二九頁）。それがかつては「都市〔国家〕」と呼ばれたという一文が添えられているところからみても、ルソーがここで設立されるものを、古典古代のポリス（都市国家）や共和政ローマに相当するもの、もしくはそれを強く連想させるものと考えていたとみてよい。かくして、社会契約による（古典的意味での）共和国の設立という、イギリスで展開してきた初期近代の共和主義的な言説とも、また、自然法や社会契約という議論装置を用いてきた理論家たちの立論とも一線を画す議論が成立する。もちろん、そもそも共和主義と呼ばれるものは、体系性を備えた政治哲学というよりは、具体的な政治的実践において機能するレトリックの集合体という色彩を色濃く帯びたものであり、その限りにおいて、同時代の政治理論の様々な要素と容易に結合するということそれ自体は特段不思議なことではない。

しかし、ルソーが共和国の設立という推論の過程にもちこんだ自然状態における原初的な自由という観念は、少なくとも、初期近代の政治思想がモデルとした古典古代の政治思想にはおよそ馴染まないものであった。というのも、アリストテレスがその典型であるが、人間が自由であるのは政治的共同体の中においてのみであって、政治共同体から離れた個人は人間としては異常な存在――神か野獣――とみなされていたからである。そこではそもそも、政治共同体設立前の原初的人間とはいかなる存在かという問いかけ自体が意味をなさなかったと言えるだろう。他方、ルソーは、そうした人間と政治共同体の無前提的な一体性という発想のまさに対極に位置する思想家であった。ルソーにおいては、とりわけその教育論『エミール』において鋭い形で提示されるように、国家（社会）と自然とを、またそれに連動して、国家の中に存在する者としての「市民」と本来の自然を回復した者としての「人間」とを二律背反的に捉える志向が強く、そこから発生する様々な理論的なアポリアは、ルソー研究者を長らく悩ませてきた。『社会契約論』に即していうならば、われわれは果たして、ルソーがそう主張するように、共和国設立後も「(設立)以前と同じように自由なままでいられる」のか、という疑問が完全には払拭されないということである。

しかも、契約による共和国の設立を論じる段階から共和国設立後の段階へと進むと、ルソーの共和国はより強く古典古代的な政治の理想を反映したものになり、その分、ルソーの理論の抱えるアポリアもさらに先鋭化する。自然状態から社会状態への移行によって、人間の行動に「道徳性(精神性)」(原語の moralité は訳しづらい語であるが)が付与され、本能が正義に、欲望が権利に、肉体の衝動が義務の意識に取って代わられる。「そのときまでは自分のことしか考えていなかった」人間が、理性的な存在になるというわけである。これは、大方の社会契約論者(ホッブズにせよ、ロックにせよ)には無縁の議論である。彼らにとって、政治社会の設立はいわばゲームのルールを変えることに相当し、人間は政治社会設立後もあいかわらず自然状態におけるのと同様の行動指針によって行動するものと想定されていた。だが、ルソーの共和国は、やや大げさに述べれば、人間そのものを改造する共和国である。『エミール』における表現を用いれば、こうした市民は徹底的に「脱自然化された」(dénaturé)存在である。

この問題は、「一般意志」とは何かという論点にも関わってくる。一般意志は当初、特殊意志から区別される、共同体全体の意志と規定されていた。だが、第二篇においては、それが特殊意志の単なる総和としての「全体意志」とも区別されるものだという新しい観点が導入される。すなわち、全員参加によって全員に関わる問題について、全員に公平に適用される法律であるという形式条件を満たせばただちにそれが一般意志とみなされるというのではなく、同時にそれが真に共同体全体の共通の利益を志向する不可謬の意志であることが要求されるのである。こうして新たに一歩踏み込んだ意味を付加された「一般意志」を、一人一人の市民が実際の立法過程で着実に見出すことができるようにするには、どうしても市民の市民としての高い資質（特殊意志から解放されていること）に期待せざるを得ない。もしもそれが難しいなら、一般意志の発見はこうした立法過程とは別の次元で、別の政治的主体によってなされる可能性も考えざるを得なくなる。すなわち、それが第二篇第七章の立法者論に他ならない。一般大衆の理解の範囲を越えた崇高な理性の持ち主である立法者がまず法律を起草し、それを後から人民が投票によって一般意志として認証するというわけである。ルソー自身は、こうした事後的な歯止めを設けることに心を砕いたが、真の共通の利益なるものを追求する不可謬の一般意志とそれを担う理性的な立法者という観念は、フランス革命期のジャコバン独裁をもち出すまでもなく、それが一人歩きをはじめた場合、危うい方向に進むリスクを内包するものといわざるを得ない。

自然権のより確実な保障のために契約によって国家を設立するという論理と、国家と市民の一体性を前提とし、政治を共通の利益を探求するものとみなす発想とを同一の次元で結び合わせようとしたルソーの試みは、果たして幸福な結婚をもたらしたと言えるのだろうか。自然的自由を保障するための政治参加の制度を確立するために、これほどまでに特殊利益に無縁な、有徳で理性的な市民を要請する必要があったのだろうか。逆に、共通善の政治の実現のため、これほどまでにすべての市民の力を共和国に集中させ、強力で一元的な主権を設立する必要があったのだろうか。だが、われわれとしては、ここでこうした問いに拙速な答えを出すことは慎もう。ルソー自身が誰よりも強く訴えたように、現実に存在する社会と市民はおよそルソーの理想とはかけ離れた存在であり、また、少なくとも『社会契約論』におけるルソーは既存の諸条件を元にしつつ、相対的により良い政治のあり方を模索するという現実的な路線をとることを潔しとはしなかった（『ポーランド統治論』（一七八二年）のような晩年の著作ではこの点は修正される）。

「ローマ人に生まれたかった」。ガール橋にたたずむ若き日のジャン＝ジャックの慨嘆は、近代における共和国の樹立という困難な理論的営為に果敢に挑む後の政治理論家ルソーの苦闘をひそかに予告するもののようにも思われる。

（東京大学法学部教授）

著者紹介

ジャン=ジャック・ルソー（Jean-Jacques Rousseau　1712-78）

思想家。ジュネーヴで時計職人の子として生まれる。38歳のときにフランスのアカデミー懸賞論文『学問芸術論』で当選して時代の寵児に。『人間不平等起源論』や『社会契約論』に象徴されるように、人類史の起源を措定して文明社会をトータルに批判。フランス革命にも大きな影響を与えた。

訳者略歴

作田啓一（さくた・けいいち）

1922年生まれ。京都大学文学部哲学科卒、京都大学名誉教授。

著書『恥の文化再考』（筑摩書房）、『価値の社会学』（岩波書店）、『ジャン－ジャック・ルソー』（人文書院）、『個人主義の運命』（岩波新書）、『ドストエフスキーの世界』（筑摩書房）、『個人』（三省堂）、『生の欲動』（みすず書房）他多数。

本書は、1979年に『ルソー全集』第五巻として、1986年に『ルソー選集』第七巻として小社より刊行された。

白水uブックス　1117

社会契約論

著　者　ジャン=ジャック・ルソー
訳者 ©　作田啓一
発行者　岩堀雅己
発行所　株式会社 白水社
東京都千代田区神田小川町 3-24
振替　00190-5-33228　〒 101-0052
電話（03）3291-7811（営業部）
（03）3291-7821（編集部）
www.hakusuisha.co.jp

2010年 7月 30日第1刷発行
2024年 2月 29日第6刷発行
本文印刷　三陽社
表紙印刷　クリエイティブ弥那
製　本　加瀬製本
Printed in Japan

ISBN978-4-560-72117-9

白水 u ブックス

ドン・ジョヴァンニ　音楽的エロスについて

キルケゴール
浅井真男 訳

ドン・ジョヴァンニはなぜ女性を誘惑しつづけるのか。モーツァルトを愛したひとりの天才哲学者が自身の耳をたよりに、音楽の根源にあるエロスの謎に迫る。ドン・ファン論の古典的論考。

わが生活と思想より

アルベルト・シュヴァイツァー
竹山道雄 訳

地位と名声を捨て、赤道直下の原生林で医療と伝道に献身したシュヴァイツァー博士が、生い立ち、アフリカでの事業、そして愛と平和に捧げた半生を回顧する。名著待望のUブックス化。

大衆の反逆

オルテガ
桑名一博 訳

オルテガは、現代が歴史上の一大転換期であることを見抜き、その危機の克服をめざして警鐘を鳴らし続けた。現代を大衆の時代と断定し、二十世紀の本質を衝いた名著。解説＝久野収。

ルソー　市民と個人

作田啓一

「人は父親殺しによって象徴される〈父〉との別離の罪を償わなければならない」。ルソーの矛盾に満ちた思想と行動を精神分析や行為理論を駆使して解剖した記念碑的著作。